우리는 그렇게 혼자가 된다

重新，一個人 by 吳若權

Copyright © 2015 CROWN PUBLISHING COMPANY, LTD.
All rights reserved.
The Korean Language translation © 2018 NARAWON
The Korean translation rights arranged with CROWN PUBLISHING COMPANY, LTD.
through EntersKorea Co., Ltd., Seoul, Korea.

※ 일러두기
· 본문에 사용된 화폐 단위 중 타이완달러는 가독성을 위해 한국의 원화로 변경하였습니다.
· 본문에 나오는 국내 사례는 이해도를 높이기 위해 신문 기사와 통계 자료를 참고해 부연 설명한 것으로, 현재의 수치와 약간의 차이가 있을 수 있습니다.

우리는
그렇게 혼자가 된다

우뤄취안 지음 | 이서연 옮김

나라원

프롤로그

우리는 모두
언젠가는 혼자가 된다

누구나 결국에는 혼자다

내 삶에서 50번째로 맞은 어느 여름날 오후, 나는 친구와 만나기 위해 지그미한 카페로 향했다. 사람들로 북적이는 거리를 지나 오래된 건물들이 늘어선 좁은 골목을 이리저리 빠져나가다 보니, 마치 인생의 여정을 걷는 것만 같았다. 무성한 나뭇잎 사이로 찬란한 햇빛이 꽃잎처럼 흩어져 중년이 된 내 어깨 위로 내렸다.

　나는 철이 든 지금에야 비로소 해답을 얻었다. 번잡한 세상을 지나야 외로움을 즐길 수 있으며 사랑과 미움, 슬픔과 기쁨에서 벗어나야만 평온해질 수 있음을 말이다.

어린 시절에는 '혼자'인 외로움에서 벗어나 행복하려면 누군가와 함께해야 한다고 생각했다. 그래서 또 다른 '혼자'인 사람과 서로 의지하고 도우려 노력했다. 하지만 사랑으로 생긴 상처는 흉터로 남고, 행복하고 불행했던 기억들은 켜켜이 쌓여갔다. 그렇게 지난 일들과 점차 멀어지고 자신과 점점 가까워지면서 나는 비로소 깨달았다. 내가 혼자일 때 또 다른 사람에게 잠시 동안 기대며 위안을 얻을 수는 있겠지만 이것이 영원할 수는 없다.

그렇기에 우리는 혼자인 상황을 스스로 여유롭게 즐기는 법을 배워야 한다. 혼자 남았을 때 더 이상 두려워하지 않아야 한다. 그래야 다른 혼자인 사람을 만났을 때에도 행복할 수 있다. 또, 어떤 만남이든 상대방이 발전하길 바라고, 만약 헤어지더라도 행복하길 빌어줄 수 있다.

수명이 늘어나면서 혼자인 시간도 갈수록 길어지고 있다. 점점 더 길어질 고독한 시간을 우리는 어떻게 살아가야 할까? 자신이 지금 몇 살이건, 남자건 여자건 또 결혼을 했든 안 했든 상관없이 삶이 끝나는 마지막 순간에는 결국 다시 혼자가 된다. 그걸 깨닫고 받아들이는 순간 우리는 진정으로 원하는 삶을 살아가며 지나간 과거, 애증이나 번민, 두려움과 이별하고 새로운 자신과 마주할 수 있다.

당신은 어떠한가? 지금껏 혼자였는가? 아니면 여러 부침 끝에 혼자가 되었는가? 또는, 지금은 혼자가 아니지만 언젠가는 혼자가 될 수밖에 없음을 받아들이고 있는가?

혼자서도 빛나는 존재가 되자

인도의 오쇼 라즈니쉬^{Rajneesh Chandra Mohan Jain}는 저서에서 자신이 어린 시절 자주 들었던 이야기를 소개했다.

"한 사람의 생명은 자신의 몸속이 아닌 앵무새의 몸속에 들어 있다. 그래서 생명이 숨겨져 있는 앵무새를 잡아 죽여야만 그를 죽일 수 있다."

어린 시절 이 이야기에 담긴 뜻을 이해하지 못했던 오쇼는 성인이 된 후에야 그 진정한 의미를 알 수 있었다고 한다. 바로 생명은 '온전히 자신 그대로 살아가는 것'만을 필요로 한다는 사실이었다. 이 가르침은 세상 사람들에게 '스스로를 책임져야 비로소 자유로워질 수 있다'는 사실을 일깨워준다. 자신의 생명을 다른 사람이나 신, 하늘에 맡겨서는 안 된다. 생명은 끝나는 그 순간에야 비로소 완전히 내려놓을 수 있다.

빈센트 반 고흐는 37세의 나이에 자살로 생을 마감했다. 그의 자살에는 지금까지도 여러 가지 의견이 존재한다. 심지어 그의 죽음을 높이 평가하는 사람들도 있다. '자살'과 '타살'에 대해 색다른 견해를 가지고 있는 오쇼는 반 고흐가 자살한 이유를 '이번 생애에서 자신이 그리기를 원했던 그림을 모두 완성했기 때문'이라고 말한다. 이에 나는 종종 '만약 반 고흐가 세상에 온 이유가 그림을 그리기 위해서였다면 나는 무엇을 위해 온 것일까?'라는 의문이 들곤 한다.

도대체 무얼 위해 이 세상에 온 것일까?

이 책은 바로 이 질문에서 시작됐다. 더 이상 '돈이 부족할까봐', '나를 사랑해주는 사람이 없어서', '혼자 남는 게 두려워서'와 같은 핑계들로 인해 앞으로 나아가지 못한 채 머뭇거려선 안 된다.

만약 오쇼의 말처럼 삶에 마지막은 그동안 쫓고 기다렸던 모든 것들이 저절로 사라지면서 파도도 치지 않는 잔잔한 바다와 같아진다면 우리의 삶을 가로막는 진정한 장애물은 과연 무엇일까?

지금부터, 그 답을 찾는 과정을, 오롯이 나 혼자만의 몫으로 남겨진 그 답을 찾아가는 과정을 함께해보자.

Contents

프롤로그 우리는 모두 언젠가는 혼자가 된다 ······················· •4

PART 1
돈, 얼마나 있어야 충분할까

혼자인 삶에서 돈이란?

혼자인 삶, 얼마의 돈이 필요할까 ······················· •17
나는 정말 돈을 좋아할까 ······················· •18
돈이 전부는 아니다 vs 돈이 없어서도 안 된다 ······················· •19
당신은 돈을 똑같이 그릴 수 있는가 ······················· •20
돈이 나를 찾아오게 하자 ······················· •22
돈에 대한 가치관 새롭게 하기 ······················· •24
내게 충분한 만큼의 돈은 얼마인가 ······················· •26
중요한 건 정말 나에게 필요한 액수 ······················· •28

단샤리(斷·捨·離)에서 시작하다

'두 번째 인생'을 위한 계획 ······················· •31
끊고, 버리고, 떠나는 연습 ······················· •32
돈, 정말 많을수록 좋을까 ······················· •33
'덜어내는 삶' 연습하기 ······················· •34
내려놓음을 배우다 ······················· •37
처량한 노년을 피하고 싶다면 ······················· •38
나에게 정말 필요한 것 ······················· •40

혼자가 될 나를 위한 인생계획표

무엇이 중요한지 알려주는 '인생계획표'	• 43
죽음이 눈앞에 있다면 무엇을 할 것인가	• 45
바로 지금, 두 번째 인생을 준비할 시간	• 46
내 전문성으로 다른 사람 돕기	• 47
해마다 더욱 새로워지는 인생계획표	• 49
인생계획표를 고치면 지금 해야 할 일이 보인다	• 51
다른 사람을 위할수록 커져가는 행복	• 53
두 번째 인생을 위한 꿈	• 55

만약 일을 하지 않는다면?

일은 언제까지 계속해야 할까	• 57
인생은 스스로 결정하고 책임져야 한다	• 59
열정이 식었다면 변화가 필요할 때	• 60
나는 돈을 위해서만 일하는가	• 62
돈을 위해 일하는 건 잘못이 아니다	• 63
내 일의 가치는 어디에 있을까	• 64
일을 즐기며 살아가는 삶	• 67

혼자서도 행복한 삶을 위한 재테크

재테크는 돈 관리를 위한 수단	• 71
수입, 취향, 나이까지 고려한 재테크 계획	• 73
함부로 가입해서는 안 되는 보험	• 76
정리가 필요한 보험 상품	• 78
재산 밑천이 되는 내 집 마련?	• 79
내 집 마련은 투자이고 월세는 소비인가	• 81
새로운 흐름이 된 주택연금	• 83
대안으로 떠오르는 공공 실버 주택	• 84
모두 만족하는 새로운 주거 형태	• 86
연령별 재테크 원칙	• 88

PART 2
사랑, 얼마나 깊어야 안심이 될까

우리는 영원히 함께할 수 있을까

영원히 함께할(수 없는) 우리	•93
영원한 건 없다는 불편한 진실	•94
아무리 깊은 사랑도 결국 이별을 맞는다	•96
온 마음으로 사랑하되 집착하지 말자	•97
내 삶의 주인공은 바로 나	•100
스스로를 아끼게 되다	•101
남에게 베푸는 사랑	•103

내려놓아야 내일이 온다

과거에 얽매이지 않는 연습	•105
죽을 만큼 미워하지는 말기	•106
어린 시절의 그늘에서 벗어나야 할 때	•107
과거를 보내야 새로운 미래가 온다	•109
때로는 독이 되는 가족의 사랑	•109
지워버릴 수는 없어도 변화시킬 수는 있다	•111
나와 화해하는 길	•114
모든 것에 감사하며 결과를 책임져라	•116

부모님께 사랑을 표현하는 방법

부모에게 자녀는 언제나 아이	•119
감정의 저항을 버리면 현실이 보인다	•120
불안감을 감추기 위한 통제	•123
부모도 완벽할 수 없다	•123
대대로 전해오는 인연의 흔적, 유전	•125
철없는 어린 시절	•126
늙고 병든 부모님을 모신다는 것	•128

| 자신의 스트레스부터 다스리자 | •130 |
| 용기와 지혜가 필요한 마지막 수업 | •132 |

혼자인 삶에서 연애란?

누구에게나 사랑은 필요하다	•137
또다시 사랑을 만나다	•138
중년의 사랑이 갖는 의미	•142
중년에 더 중요한 몸과 마음의 건강	•143
혼자일수록 신경 써야 할 것들	•144
내 마음속 깊은 외로움 알기	•146

Part 3
친구, 얼마나 많아야 외롭지 않을까

양보다 질이 중요한 우정

온라인으로 사귀는 친구는 가짜일까	•151
인터넷을 통해 옛 추억을 찾다	•152
마지막을 지켜줄 진정한 친구	•153
혼자인 사람들끼리의 우정	•154
인맥이 돈이라는 생각	•156
진정한 우정은 바라지 않는 것	•158

나이와 배경을 뛰어넘는 우정

소통, 나이가 아닌 마음의 문제	•161
몸의 젊음 못지않게 중요한 마음의 젊음	•162
마음이 젊어야 얼굴도 젊다	•163
세대를 잊고 빚은 우정이라는 맛 좋은 술	•164
지난날의 미움은 세월과 함께 흘려보내자	•165
스스로 원망의 굴레에서 벗어나라	•167

노년에 함께 밥 먹을 친구 · 168
혈연으로 맺어지지 않은 가족 · 170

우정은 단순해야 한다

우정을 이어가기 위한 원칙 · 173
우정은 억지로 만들어지지 않는다 · 174
비위를 맞추기 위해 자신을 낮추지 말자 · 175
내가 원하는 대로 사는 삶 · 178
나에게는 독립성, 상대에게는 존중 · 180
세상에서 가장 귀한 보물 '오래된 친구' · 183

PART 4 두 번째 인생을 맞이하는 자세

혼자 되기 연습

홀로 맞이하는 새로운 인생 · 189
풍경조차 스마트폰으로 보는 시대 · 190
혼자서도 잘 살아가는 능력 · 193
건강보다 중요한 것은 없다 · 195
폭식은 금물, 근력운동은 필수! · 197

마지막까지 행복하게 할 일 찾기

삶을 더 행복하게 만드는 일에 도전! · 201
내 삶의 진정한 즐거움 · 202
열정을 되찾으면 노년이 아름답다 · 204
배움에 대한 열정이 예방해주는 치매 · 206
어려운 미션에 도전하자 · 207
인생에 '언젠가'라는 시간은 없다 · 209
이 글을 읽을 수 있다면 아직 늦지 않았다 · 212

여행을 떠나자!

혼자인 세계로 돌아가 여행의 의미를 깨닫다 · 215
걱정 말고 떠나고 싶을 때 떠나자 · 216
중풍에 걸린 어머니, 여행가 되다 · 218
자유롭게 떠나는 내면의 여행 · 219
모든 여행이 끝난 뒤 돌아온 작은 내 방 · 221

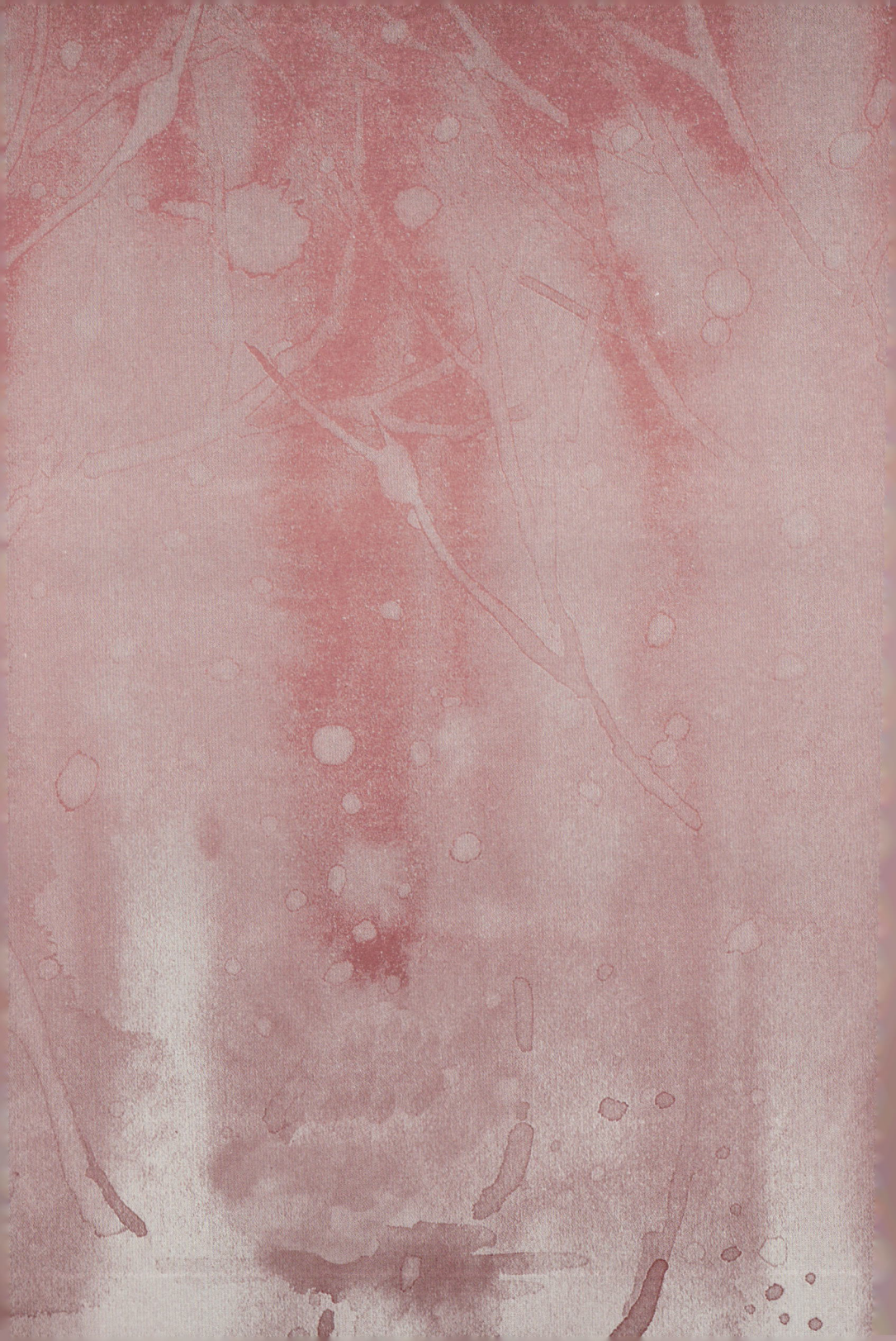

돈, 얼마나 있어야 충분할까

Part 1

혼자인
삶에서
돈이란?

혼자인 삶, 얼마의 돈이 필요할까

100세 시대는 먼 미래가 아닌 이미 눈앞에 놓인 현실이 되었다. 혼자 수십 년을 지내야 한다면 어떨까? 결혼을 하지 않았거나 결혼을 했지만 다시 혼자가 되었다면, 옆에 기댈 자녀조차 없다면 어떻게 해야 할까? 물론 걱정이 되겠지만, 한숨만 쉬고 있을 수는 없지 않은가. 그보다는 인생을 계획해보자. 당신이 실연이나 이혼 또는 사별과 같은 슬픈 일을 겪고 혼자가 되었든 반대로 정신없이 즐겁게 살다 보니 혼자가 되었든 상관없다. 혼자가 되었다고 지나간 날들을 그리워하거나 화를 내며 방황해서는 안 된다. 인생의 해답을 찾으려고 발버둥 칠 필요도 없다. 그저 자신의 인생을 스스로 책임지겠다는 단호한 결심과 용기를 가지고 계획한다면, 더 행복한 미래를 맞을 수 있다.

   그렇다면 오늘부터 내 앞에 남은 삶을 혼자 살아간다고 가정했을 때 얼마만큼의 돈이 필요할까? 이것은 단순한 숫자 계산을 의미하는 게 아니라 인생을 살아가는 태도까지 광범위하게 아우르는 문제다. 그러니 무턱대고 자신의 수입과 저축을 계산하려 하지 말고, 그보다 먼저 돈에 대한 스스로의 가치관을 살펴보는 것부터 시작해야 한다. 만약 돈이 있는데도 원인 모를 불안감에 시달린다면 그 이유가 무엇인지도 고민해야 한다.

'돈은 얼마나 있어야 충분할까?' 이것을 생각해봐야 하는 까닭은 자신이 정말 원하는 미래의 삶을 그려보기 위해서다. 현재 어떤 태도로 일하고, 어떤 방식으로 재테크를 하며, 어떻게 인간관계를 유지하는지 살펴보고 삶의 방향을 정해보자.

나는 정말 돈을 좋아할까

'인생에서 돈은 정말 중요할까?'

이 질문에 모든 사람이 그렇다고 대답할 거라 믿는다면 잘못된 생각이다. 난 일 년에 70만 명 정도의 사람들을 대상으로 강의하는데 그들 중 약 20%가 이 질문에 선뜻 대답하지 못했다.

라이프 코칭 전문가들은 하나같이 30세 이상의 직장인이라면 재산, 건강, 인맥 세 가지 자산을 관리해야 한다고 조언한다. 하지만 대부분의 사람은 돈의 진정한 의미를 모른다. 심지어 '돈이 전부는 아니지만 없어서도 안 된다'라는 모순된 말에 별생각 없이 공감한다.

나는 '마음의 성장'이라는 주제로 강의를 할 때 종종 이 말을 언급한다. 그런데 무척 재미있는 광경이 벌어진다. 교과서에 나오는 말도 아닌

데 마치 오래전부터 전해 내려오는 격언이라도 되는 것처럼 이 말을 모든 사람이 알고 있는 것이다. 내가 강연을 하다 한 사람을 무작위로 가리키며 "돈이 전부는 아니지만"이라고 말하면 상대방이 곧바로 "없어서도 안 된다"라고 대답하기도 한다. 하지만 사람들은 이 말이 가진 뜻을 진지하게 고민해보지 않는 것 같다. 사실 '돈이 전부가 아니다'와 '없어서도 안 된다'는 말은 매우 상반된 가치관을 품고 있다.

돈이 전부는 아니다 vs 돈이 없어서도 안 된다

건강이나 가족 또는 사랑하는 사람을 잃어본 경험이 있다면 '돈이 전부는 아니다'라는 말의 의미를 이해할 것이다. 불치병에 걸려 사경을 헤맨다면 억만금을 주고도 살려내지 못할 수도 있고, 사랑하는 이가 떠나갈 때 돈으로 다시 살 수 없다는 걸 깨닫기도 한다. 반면에 '돈이 없어서도 안 된다'라는 말에 더 크게 공감하는 사람들은 치료비조차 없어 가족을 잃어야 하는 고통이 그보다 훨씬 크다고 주장할 것이다.

두 가지 생각은 모두 일리가 있다. 중요한 것은 자신을 비롯한 가족들이 어떤 가치관을 더 우선시하며 살아가느냐다.

아내와 남편 그리고 가족이라면 돈에 대한 가치관이 서로 비슷해야 화합하면서 즐겁게 살아갈 수 있다.

먼저 돈에 대한 나 자신의 가치관부터 명확히 해보자. 당신은 '돈이 전부는 아니다'와 '없어서도 안 된다' 중에서 어떤 쪽에 더 가치를 두는 사람인가?

우리는 대체로 이 두 가지 가치관 사이에서 갈피를 잡지 못한 채 오락가락한다. 돈을 대하는 태도가 그때그때 달라지는 것이다. 요즘은 높은 연봉보다 근무 시간이 짧은 직장을 더 선호하는 사람들도 늘고 있다. '돈만 많으면 뭐 하나 쓸 시간도 없는데'라고 생각하는 것이다. 하지만 백화점에 걸린 고가의 옷들을 볼 때면 금세 '내 연봉이 왜 이것밖에 안 되지?' 하며 한숨이 나온다.

그런데 놀라운 건 자신이 돈을 좋아한다고 생각하는 사람조차 깊이 들여다보면 그렇지 않은 경우가 많다는 사실이다. 당신이 돈에 대해 오랫동안 품어온 감정은 그저 애증이 뒤섞인, 모순된 감정일지도 모른다.

당신은 돈을 똑같이 그릴 수 있는가

나는 재테크에 관해 강연을 할 때 "지갑 속에 있는 지폐를 얼마나 자세히 설명할 수 있나요?"라는 질문을 던지곤 한다. 또 "지금 지갑 속에 현금이 얼마 있는지 정확히 말할 수 있나요?"라고도 묻는다. 그런데 이 질문에 자신 있게 대답하는 사람은 거의 없다.

사람들은 대체로 돈을 많이 벌고 싶고, 돈에 대해 늘 관심을 기울이며, 돈을 웬만큼은 알고 있다고 생각하지만 사실은 그렇지 않다. 따지고 보면 돈 자체를 좋아하는 사람은 거의 없는 것 같다. 사람들이 정말 관심을 기울이는 것은 돈이 가져다주는 안정감과 돈을 통해 얻는 성취감이지, 돈 자체는 아니다.

만일 당신이 부자가 되고 싶지만 그건 이루기 어려운 꿈이라고 느낀다면, 내가 잔인한 사실 하나를 알려주겠다. 당신에게는 그만 한 능력도 행운도 없으며, 더군다나 목표를 달성할 수 있을 만큼 돈을 좋아하지도 않는다는 진실이다. 그건 아니라고 부정하고 싶은가? 하지만 이것은 조금만 생각해보면 매우 단순한 이치다.

당신이 정말 돈을 좋아한다면 눈으로 보지 않고도 지갑 속 지폐를 정확하게 그려낼 수 있을 것이다. 돈이 좋아서 항상 돈을 소중히 보관하다 보면 자주 들여다볼 수밖에 없지 않을까? 그러다 보면 눈에 익고 그 세세한 모습까지 그릴 수 있을 게 분명하다.

실제로 많은 부자들이 언제나 지폐를 지갑 속에 가지런히 정리해두고, 동전 하나까지도 잘 분류해두는 습관을 가지고 있다고 한다. 마치 사랑하는 사람의 생김새는 눈앞에서 보지 않고도 자세히 떠올릴 수 있고, 지금 어디서 무얼 하고 있는지 늘 관심을 갖고 있는 것과 같다. 그러니 정말 돈을 좋아한다면, 지금부터라도 돈에 대한 부정적인 감정을 털어버리고 진심으로 소중히 여기고 관심을 기울여보자.

나는 어마어마한 부자는 아닐지라도 어머니를 모시고 남은 인생을 살아가는 데 부족함이 없을 만큼의 돈은 가지고 있다. 그렇다면 나는 어떻게 돈을 모을 수 있었을까? 난 그 까닭을 어린 시절부터 돈의 소중함을 절절히 느낀 데서 찾는다.

가난한 어린 시절을 보냈던 나는 항상 용돈이 부족해 작은 돈도 신중하게 생각한 뒤에야 썼다. 그 당시에는 돈에 대해 일종의 경외심마저 가지고 있었던 것 같다. 적은 돈이라도 힘들게 노력해야만 벌 수 있다는 사실을 너무도 잘 알고 있었던 것이다. 이런 태도는 자라서까지 이어져 비록 큰 부자는 아니라도 남은 인생 부족함 없이 살 만큼의 재산은 모을 수 있었다.

내 지갑에 들어온 돈은 항상 잘 정리해두고, 나간 돈은 가계부에 상세히 기록하는 습관을 길러보자. 그러면 수입에 맞게 돈을 쓸 수 있다.

많은 사람이 그다지 필요하지 않은 곳에 가볍게 돈을 쓰고는 늘 모아둔 게 없다고 한탄한다. 작은 습관이 쌓이고 쌓여 곳간을 채운다는 사실을 모르는 행동이다. 오늘부터라도 '돈을 쓰고 싶은' 충동을 억누르고, 주머니 속에 있는 지폐 한 장, 동전 한 개와도 친밀한 사이를 만들어보라. 당신도 곧 여유로운 삶을 누릴 수 있다.

돈이 나를 찾아오게 하자

재산의 의미를 명확히 알고 있다면 돈은 저절로 모여들게 마련이다. 나는 돈을 정말 좋아하는 사람에게는 돈이 저절로 찾아온다고 믿는다.

우주에는 당신과 돈의 미묘한 호응 관계가 존재한다. 이것은 《시크릿》이라는 책에서 론다 번이 주장했듯 '끌어당김의 법칙'이라 이해할 수도 있겠다. 진심으로 돈을 좋아하는 사람은 충분히 돈을 벌고 재산을 모을 수 있다. 그리고 돈을 삶의 긍정적인 도구로 사용하기 때문에 항상 마음속에 풍족함과 여유로움이 가득하다.

반면에 자신의 수입이 충분하지 않다고 불만을 품거나 가지고 있는 돈을 쉽게 탕진하는 사람은 돈을 끌어당기는 힘이 약한 경우가 많다. 이들은 대체로 돈에 대해 두려움이나 불안감을 갖고 있다. 그러니 자기도 모르는 사이에 무의식적으로 돈을 거부하게 된다.

가난한 사람이 부자를 바라보는 시선을 살펴보면, 앞으로 그가 부자가 될 가능성이 얼마나 있는지 알 수 있다. 거리에서 값비싼 고급 승용차가 갑자기 쌩하고 앞을 지나갈 때 마음속에서 가장 먼저 떠오르는 생각은 무엇인가.

'잘난 체하기는, 분명 부모한테 물려받은 돈으로 흥청망청 사는 걸 거야. 저런 차 타는 사람들치고 깨끗하게 돈 번 사람 못 봤다'라는 생각이 불쑥 드는가? 아니면 '와, 차 좋은데? 저런 차는 얼마나 할까? 나도 부지런히 벌어서 좋은 차를 사야지' 하는 생각이 먼저 드는가?

이러한 태도에서 돈에 대해 어떻게 생각하는지가 은연중에 드러난다. 무의식중에라도 돈을 부정적으로 바라보고 나와는 상관없는 것으로 밀쳐내고 있는 건 아닌지 곰곰 생각해보자.

돈을 차근차근 모아 부자가 된 사람은 돈을 대할 때 항상 존경하고 감사하는 마음을 가지는 걸 볼 수 있다. 금수저를 물고 태어난 부잣집 아들을 볼 때조차 전생에 좋은 일을 많이 해서 지금은 풍족한 삶을 누린다고 생각한다. 또 자신의 눈앞을 쌩하니 지나가는 고급 승용차를 보더라도 은연중에 '너무 달리다 사고 나지 말아야 할 텐데' 하며 걱정하는 마음을 가진다.

　나는 재테크를 주제로 강연을 할 때 항상 "돈을 존중하고 감사하는 태도를 늘 유지하세요"라고 조언한다. 당신이 벌이가 빤한 직장인이라도 점심시간 커피 한 잔을 살 때조차 돈을 내면서 '따뜻한 커피를 마실 수 있게 해줘서 고맙다. 다음에는 더 많이 나에게 오렴!' 하고 주문을 거는 습관을 가져보자. 지금은 적은 돈을 쓰지만 더 큰 돈이 나에게 올 준비를 하고 있을 것이다. 이것이 바로 우주에 존재하는 '끌어당김의 법칙'을 활용해 재산을 늘려가는 방법이다.

돈에 대한 가치관 새롭게 하기

지금까지 나는 돈을 버는 직접적인 방법이 아니라 돈에 대한 태도와 시각, 마음가짐에 관해 이야기했다. 돈에 대한 가치관을 세우는 게 우선이기 때문이다.

　막 사회에 나온 젊은이들은 돈을 벌고자 할 때 목표를 어느 정도로 잡아야 할까 고민하게 된다. 또 퇴직을 앞둔 경우에도 얼마의 돈이 모여 있어야 충분한 건지 고민하게 된다. 이 질문에 대답하려면 무엇보다 돈에 대한 가치관이 잘 세워져 있어야 한다.

　돈이란 사람이 살아가는 데 무척 중요한 것이므로 어렸을 때부터 올바른 가치관을 가질 수 있도록 가정과 학교에서 제대로 교육해야 한다. 하지만 현실은 그렇지 못하다.

아이가 자라 학업을 마치고 직장 생활을 시작하면 자신의 능력에 따라 수입이 생긴다. 이때부터 가치관이 중요해진다. 돈에 대해 잘못된 가치관을 지니고 있으면 돈 관리를 우습게 생각하기 쉽다. '있으면 쓰고 없으면 말지' 하는 생각으로 그때그때 다른 태도를 보이게 되는 것이다. 따라서 '돈이 전부는 아니다'와 '돈이 없으면 안 된다'라는 가치관 사이에서 갈팡질팡하게 된다.

나이와 상관없이 항상 돈에 대해 위기감을 느끼며 돈이 부족할까봐 두려워하는 사람들에게는 '처음부터 다시 리셋^{Reset}하라'는 말로 격려해 주고 싶다. 돈에 대해 새로운 가치관을 세우는 것부터 시작하라는 뜻이다. 당신이 35세의 직장인이든, 퇴직을 앞두고 있는 사람이든 아직 늦지 않았다.

책을 몇 권 소개하는 것도 도움이 될 것 같다. 우선 재테크의 기본 지식을 배울 수 있을 뿐만 아니라 부자가 될 수 있는 용기를 북돋아줄 필독서가 있다. 하브 에커$^{T.\ Harv\ Ekcr}$의 《백만장자 시크릿》(랜덤하우스코리아)과 가메다 준이치로^{亀田潤一郎}의 《부자들은 왜 장지갑을 쓸까》(21세기북스)이다. 이 책들은 당신이 돈에 대해 올바른 가치관을 세우고 새롭게 실천할 수 있도록 도와줄 것이다.

돈에 대한 가치관이 바로 서면 진심으로 돈이 좋아진다. 그럼 더 이상 돈 때문에 두려움이나 불안감을 느끼지 않을 수 있다. 또 부자나 기업가는 '돈밖에 모른다'는 편견에서 벗어나 더 이상 그들을 미워하지 않게 된다. 이렇게 객관적이고 중립적인 시선을 가진다면 진지하게 다음 질문을 고민해볼 수 있다.

'인생에서 가장 중요한 것이 무엇일까?' 이 문제의 답을 찾는 과정에서 점차 자신에게 가장 소중한 것이 무엇인지 발견하고, 더 나아가 새로운 모습으로 일과 가족 그리고 친구들을 대하면서 저절로 긍정적인 자기장이 형성될 것이다. 재산의 의미를 명확히 하면 돈을 써도 저절로 다시 돈이 모여들기 때문에 결핍감 없는 삶을 살아갈 수 있다.

여기까지 읽었는데도 여전히 지갑 속 지폐의 그림이 어떻게 생겼는지 관심이 가지 않는다면 돈을 사랑하는 법을 더 배워야 한다.

정답을 말하자면, 1만 원권 지폐의 한쪽 면에는 세종대왕이, 그 배경으로는 〈일월오봉도日月五峯圖〉가 그려져 있다. 그 뒷면의 왼쪽에는 '혼천의渾天儀'가 있고, 오른쪽 별자리를 배경으로 그려진 것은 '보현산 천문대 천체망원경'이다.

내게 충분한 만큼의 돈은 얼마인가

우리가 사는 데 돈은 얼마나 있어야 충분할까? 이 질문은 단순히 생활에 필요한 금액을 계산해내려는 게 아니라, 정말 자신이 원하는 미래를 그려보고자 하는 것이다.

다시 말하지만, 사람들은 돈이 부족하다는 결핍감을 느낄 때 가장 힘겨워한다. 또 어떤 사람들은 넘치는 돈을 잘 다루지 못할까 걱정하는 경우도 있다. 특히 재산 분쟁에 관한 뉴스를 볼 때면 부자들도 돈 때문에 골머리를 썩는다는 사실을 알 수 있다. 그래서 "가장 괴로운 건 살면서 쓸 돈이 없을 때고, 가장 안타까운 건 죽어서 돈을 다 쓰지 못할 때다"라고 말하는 것이다.

나는 예전에 인터넷을 통해 '퇴직한 뒤 돈은 얼마나 있어야 충분할까?'라는 질문을 던지고 답변들을 모아 정리해봤다. 그 결과 약 7억에서 10억 사이가 필요하다는 답변이 가장 많았고, 또 합리적으로 보였다. 그런데 이 정도의 노후 자금이 필요하다는 말을 들으면 대체로 다음과 같은 유형의 반응을 보인다.

— 하느님, 감사합니다. 저는 충분히 돈을 모았으니 편안한 노년을 보낼 수 있겠네요!
— 아, 좀 더 노력해야겠네요. 돈이 다 모일 때까지 퇴직을 미뤄야겠어요.
— 음, 저는 이번 생애에는 힘들 듯해요. 아무래도 7억까지는 모을 수 없을 것 같은데 어떡하죠?
— 이건 불가능한데…… 하지만 대부분 그만큼의 돈이 없어도 잘들 살아가잖아요?

개인마다 생각의 차이는 있겠지만 나는 마지막 답변이 가장 옳다고 믿는다. 경제학자들의 경우에도 현재 자신의 수입을 기준으로 7~16배의 돈을 퇴직금으로 저축해두어야 하는데, 퇴직 후 몇 년을 더 살지 예상해서 계산해보라고 조언한다. 한번 계산해보자. 당연히 앞에서 말한 7억~10억 원보다는 훨씬 적은 금액이 나올 것이다.

중요한 건 정말 나에게 필요한 액수

앞에서 말한 금액 이상을 갖고 있지 않다면 지금 약간 당황스러운 느낌이 들지 모른다. 그리고 진짜 노후에 필요한 돈이 얼마인지 궁금할 것이다. 내 현재 수입과 생활수준을 기준으로 노후 자금을 계산해보자. 그러면 얼마의 돈을 모아야 하는지 알 수 있다. 하지만 그보다 더 중요한 것은 한 달에 돈이 얼마가 들어오고 어디에 나가는지 한눈에 파악할 수 있도록 수입과 지출을 기록하는 습관을 기르는 것이다.

이렇게 수입과 지출을 파악했다면 현재의 지출 항목 중에서 노후에는 포함되지 않을 만한 것이 있는지, 추가로 지출할 항목은 무엇인지 알아보아야 한다. 예를 들어 복싱이나 모터사이클처럼 체력 소모가 큰 운동을 취미로 하는 경우라면 노후에는 그만두게 될 가능성이 크다. 대신 나이가 들수록 병원 출입은 잦아질 것으로 예상할 수 있다. 이런 식으로 대략의 계산이 끝나면 내가 원하는 미래의 삶을 그려보자.

우리가 '얼마의 돈이 있어야 충분할까?' 질문하는 목적은 단순히 금액 계산을 하기 위해서가 아니라, 다시 한 번 자신이 원하는 미래의 삶을 그려보고자 하는 데 있다. 또 더 나아가 현재 내가 어떤 태도로 일을 하고, 어떤 방식으로 재테크를 하며, 어떻게 인간관계를 유지하는지 살피고 앞으로의 방향을 정하고자 하는 것이다. 여기에서 방향이란 내가 정말 포기할 수 없는 '가치'가 무엇인지 아는 것이다. 이 가치만 분명히 알고 있다면 수중에 7억이 있건 7000만 원뿐이건 상관없이 편안하게 노후를 보낼 수 있다.

우리는 고급 레스토랑이 아니라 집에서 간단하게 칼국수를 만들어 먹으면서도 행복을 느낄 수 있다. 친구들과 자전거를 타고 섬을 한 바퀴 돌면서도 호화 유람선을 타고 세계를 여행하는 것 못지않은 행복을 느낄 수 있다. 그러므로 가장 중요한 점은 내가 무엇에 가치를 두는지 분명히 아는 것이다. 그리고 모든 결정을 스스로 하고 그 결과를 즐겁게 받아들일 수 있어야 한다.

혼자인 삶을 한번 상상해보자. 어쩌면 많은 용기가 필요하겠지만 가장 기본적인 출발점은 인생에 대한 책임을 스스로 짊어지는 데 있다. 항상 모든 것은 자신의 선택에서부터 시작된다는 사실을 잊지 말도록 하자! 남은 인생을 7000만 원으로 살아갈지 7억 원으로 살아갈지는 운명이 정해주는 것이 아니다. 바로 나 자신에게 달려 있다.

자신이 진정으로 원하는 삶, 가치 있게 생각하는 삶을 알고, 그에 맞게 계획하고 실천하는 것이 가장 중요하다.

단샤리
(斷·捨·離)에서
시작하다

'두 번째 인생'을 위한 계획

삶은 유한하다. 젊은 시절에는 이것을 모르고 영원히 살 것처럼 생각하고 행동한다. 젊음의 특권이기도 하겠지만 돌이켜 생각하면 어리석고 아까운 시간들이기도 하다.

어느 날 갑자기 또는 어떠한 사건을 계기로 '새로운 인생'을 시작하고 싶어진다면? 이 문제의 해답을 얻기 위해 인터넷에서 간단한 조사를 진행한 결과, 매우 의미 있는 해답을 얻을 수 있었다.

젊은 시절에는 사소한 사건 하나가 삶을 변화시키는 계기가 되곤 한다. 예를 들어 애인과 헤어졌다거나 대학에 떨어졌을 때, 친구와 절교하거나 부모님과의 다툼, 라이프 코칭 캠프에 참여한 경험 등이 계기가 된다. 그러면서 "지금의 삶은 정말 내가 원한 게 아니야"라고 외치며 새로운 결심을 하곤 한다. 하지만 안타깝게 포기도 상당히 빨라서 정말 새롭게 변화하는 경우는 드물다.

반면 40대는 새롭게 살아갈 '두 번째 인생'이 필요하다는 것을 스스로 깨닫게 되는 현실적인 나이다. 이때가 되면 어리석고 제멋대로였던 날들과 이별하고 얼마 남지 않은 시간 속에서 서둘러 삶을 변화시켜야 한다는 사실을 직시하게 된다. 가족 또는 자신이 큰 병을 앓거나 회사의 강압에 못 이겨 퇴사하는 등 고통스러운 경험을 통해 깨닫는 경우도 있다. 어쨌든 많은 사람이 인생의 반환점을 돌며 새롭게 인생을 계획하기 시작한다.

끊고, 버리고, 떠나는 연습

두 번째 인생을 준비하다 보면 반드시 금전적인 문제를 생각하게 된다. 이때 돈과 자신의 인생을 연관지어 바라보는 시각은 두 가지로 나뉜다. '필요한 정도만 있으면 된다'는 생각이 든다면 지금까지와는 다른 새로운 방향으로 나아갈 수 있다. '끊고斷, 버리고捨, 떠나라離'는 단샤리를 연습하게 되면 물질의 욕망에서 벗어나 '스스로에게 의지해 잘 살아갈 수 있다'는 자신감이 생겨난다.

예를 들어, 나중에 필요할지도 모른다는 생각에 보관해왔던 물건들은 알고 보면 거짓된 '안정감'을 주는 것들이었다. 단샤리를 실천하면 거짓된 감정에서 벗어나 더 편안하고 집착하지 않는 삶을 살 수 있다.

단샤리를 몸소 실천하는 데서 바로 진정한 독립이 시작되는 것이다. 그러려면 단순히 쓰지 않는 물건을 버리는 것을 넘어 집착까지도 내려놓아야 한다. 그런 뒤에야 자신에게 무엇이 중요한지 분명히 알 수 있을 뿐만 아니라, 생활에서 꼭 필요한 것의 우선순위도 절로 드러난다.

사실 자세히 살펴보면 우리가 중요하다고 생각했던 물건들 중에는 버려도 상관없는 것들이 무척 많다. '필요한 날을 대비해' 모아두었던 것 중에 만약 없어진다 해도 생활하는 데 아무런 문제가 없는 것이 대부분이다. 돈 걱정을 없애는 가장 좋은 방법은 돈을 많이 벌거나 더 버는 것보다, 먼저 자신에게 정말 필요한 것이 무엇인지를 명확히 아는 것이다.

돈, 정말 많을수록 좋을까

인구 고령화가 급속히 진행되면서 혼자 사는 노인들이 늘고 있다. 미디어에 비친 그들의 모습은 대개 쓸쓸하고 힘겹게 살아가는 모습이다. 그 탓인지 20~30대 중에도 '혼자 노년을 보내게 되면 어떡하지?' 하는 고민을 하는 사람들이 늘어가고 있다. 그럴수록 하루라도 빨리 '두 번째 인생'을 계획해놓는 편이 변화하는 현실에 쫓겨 허둥지둥 대비하려 애쓰는 것보다 바람직하다.

다른 사람에게 기대지 않고 혼자 살아가려면 무엇보다 돈은 충분할지가 가장 걱정이 된다. 이때 여러 생각들이 머릿속에서 뒤엉키며 어찌할 바를 모른 채 당황하기도 한다. 이 문제에 대해서는 앞서 이야기한 대로 '돈은 많을수록 좋다'는 입장과 '필요한 만큼 있으면 된다'는 입장으로 나뉘게 마련이다.

만약 당신이 돈은 '많을수록 좋다'고 생각하는 쪽이라면 시간이 갈수록 더욱 힘겨워질 것이다. 욕망은 영원히 메울 수 없는 구멍과도 같아서 '갖고 싶다'는 생각이 결국 '필요하다'는 생각으로 바뀌기 마련이다. 그래서 결국에는 반드시 7억 원 이상을 모아두지 못한다면 퇴직도 할 수 없다는 생각에 집착하게 될 수도 있다.

"퇴직 이후에는 사회생활을 위한 품위유지비나 접대비, 교통비 등이 모두 이전보다 상당히 많이 줄어 생활비가 생각하는 것만큼 들지 않는다"고 말하는 사람도 있다.

결국 '많을수록 좋다'는 생각은 합리적인 생각이라기보다 욕망에 불과하다. 단지 욕망을 채우기 위해 불안감에 시달리고 행복할 겨를도 없이 살아간다면 참 어리석은 일이 아닐까? 그보다는 오히려 '돈이 많아봤자 죽어서 짊어지고 갈 것도 아니고'라는 생각이 훨씬 더 합리적이다.

돈은 '필요한 만큼만 있으면 된다'고 생각하는 쪽이라면 인생을 새로운 눈으로 바라볼 수 있다. 미래를 준비하는 데도 부담이 없고 만약 혼자가 되더라도 충분히 살아갈 수 있다는 자신감이 생겨날 것이다.

'덜어내는 삶' 연습하기

몇 년 전부터 '끊고, 버리고, 떠나라'는 단샤리 열풍이 불고 있다. 일본의 유명한 수납 전문가인 야마시타 히데코山下英子가 자신의 베스트셀러 《버림의 행복론》(행복한 책장)에서 주장한 내용을 따라 하는 사람들이 늘고 있는 것이다.

자린고비 같은 생활을 하라고 주장하는 것은 아니다. 그저 집에 두고 사용하지 않는 물건들을 '줄여가는 것'만으로 삶의 질을 높일 수 있도록 도와준다. 언뜻 보기에 그의 주장은 단순히 필요 없는 물건들을 깨끗이 정리하는 것으로 보이지만, 실제로는 이런 행동을 하며 마음까지 청소하게 돕는 신기한 정리 기술이라 할 수 있다. 필요 없는 물건을 과감히 끊어버리는 '단^斷'과 불필요한 물건들을 버리는 '사^捨'를 계속 반복하다 보면 물건에 대한 집착에서 벗어나는 '리^離'의 상태에 도달할 수 있다는 뜻이다.

야마시타 히데코는 "집 안의 쓸모없는 물건들을 정리하면 마음의 잡동사니들도 함께 정리돼 인생이 더욱 즐거워진다"고 말한다. 잠깐 시간을 내서 지갑이나 서랍, 찬장 등을 정리하다 보면 자신에게 무엇이 가장 중요한지 스스로 발견할 수 있다.

나도 예전에는 물건을 버리길 무척 힘들어했다. 마음먹고 물건을 정리할 때도 매번 안 쓰는 물건들을 꺼내 보면서 필요한 사람에게 주거나 이제 버려야겠다는 생각을 했지만, 선뜻 그러질 못했다. 버리기엔 아깝고 혹시 낭비하는 게 아닌가 하는 생각이 들었기 때문이다. 그렇다고 남을 주자니 애매한 것들이었다. 그러다 보니 매번 언젠가 쓸 일이 있겠지 하는 마음에 다시 넣어두곤 했는데, 불필요한 망설임이 쓸데없는 물건을 쌓아두게 한 것이다.

어렸을 때부터 매우 검소했던 나는 물건을 아껴서 사용하는 습관을 가지고 있었다. 물건을 사면 곧바로 쓰지 않고 아껴뒀다가 나중에 사용했고, 다 쓴 물건조차 바로 버리지 못했다. 심지어 안 나오는 볼펜마저 볼펜심을 구해 다시 사용할 생각으로 보관해두었다. 하지만 실제로 볼펜심을 사서 다시 써본 기억은 거의 없다.

나이가 들어서도 이 습관을 버리지 못해 '일하는 데 필요할지 몰라', '아이디어를 떠올리려면 이 자료가 나중에 필요할 거야', '자료는 많을수록 좋지' 하며 친필 원고, 신문 스크랩, 책, 온갖 샘플, 노트, 기념품 등 상당히 많은 물건들을 차곡차곡 쌓아두었다. 그러고는 새해 대청소를 할 때면 항상 '이번엔 저것들을 반드시 정리하고 말리라' 다짐했지만, 얼마 못 가서 '언젠가는 필요한 날이 올지도 몰라' 하며 결국 버리지 못했다.

그렇게 박스에 보관한 물건들은 항상 내 생활공간과 마음속 한편에 자리 잡았다. 둘 곳이 없어 고민하던 중 마침 나에게 기업 관리 서비스를 받던 고객 한 분이 잡동사니들을 보관할 수 있는 장소를 제공했다. 반가워하며 모든 잡동사니를 모아 그곳에 보관했지만 실제로 필요해서 그 물건들을 찾으러 가는 경우는 거의 없었다. 또 정말 필요해서 찾으러 간다 해도 잡다한 물건들이 너무 많아서 찾을 수조차 없는 지경이었다. 하지만 나는 여전히 그 잡동사니들을 버리지 못한 채 끌어안고 있었다. 나중에 필요할지도 모른다는 생각이 거짓된 '안정감'을 주었기 때문이다.

내려놓음을 배우다

내가 단샤리를 직접 체험하고 내 생활 깊이 받아들이게 된 계기는 당시만 해도 비극이라고 여긴 한 사건 때문이었다.

어느 날, 내 물건을 보관해주던 고객이 허겁지겁 찾아왔다. 무언가 꺼내기 곤란한 이야기를 하려는 사람의 표정으로 나를 잠시 바라보던 그는 조심스레 자기 사무실 빌딩에 큰 불이 났다는 소식을 전했다. 불은 다행히도 건물의 한 층만 태운 후 꺼져 다른 층까지 번지지는 않았지만, 연기가 들어와 물건들이 모두 망가졌다는 것이다. 그 층은 바로 나의 '보물', 즉 잡동사니가 있던 곳이었다. 그 소식을 접했을 때의 심정은 마치 가보를 잃은 듯한 비통함이었다. 그러나 얼마 지나지 않아 그때 타버린 물건들이 실제로는 아무런 쓸모도 없는 것들임을 깨달았다.

돌이켜 생각해보면 이 사건은 단샤리가 내 생활에 깊게 자리 잡는 계기가 되었다. 매우 중요하다고 생각했지만 실제로는 쓸모없는 물건들과 확실하게 이별할 수 있었기 때문이다. 다만 안타까운 점은 자발적인 결심으로 정리한 것이 아니라 어쩔 수 없는 선택이었다는 것이다.

이 사건을 계기로 나는 물건을 모아두는 습관을 조금은 고칠 수 있었다. 하지만 그 후에도 계속 별 쓸모없는 물건들을 보관했기 때문에 항상 날을 정해 정리해야만 했다. 이후 아버지가 세상을 떠나고 여러 차례 이사를 하면서 나는 계속해서 많은 물건들을 정리할 수 있었다. 많은 시간과 노력을 쏟은 끝에 비로소 '단샤리'를 확실히 실천하는 생활 태도로 바꿀 수 있었다.

단샤리를 생활화하면서 점차 쓸모없는 물건은 바로바로 정리를 해야 비로소 독립적인 생활을 시작할 수 있음을 이해하게 되었다. 이제는 다 읽은 잡지는 주변 사람들에게 주고, 음반은 컴퓨터에 음원을 보관한 뒤 기부한다. 그러다 보니 친구들이 '집 안 정리를 제법 잘한다'고 칭찬해주는 수준이 되었다. 아직 완벽하지는 않지만 나름 꽤 만족하고 있다. 그렇게 나는 단순히 물건을 버리는 것을 넘어 집착까지도 내려놓게 되었다.

단샤리를 익히고 나면 자신에게 무엇이 더 중요한지 분명히 알 수 있을 뿐만 아니라, 생활에 반드시 필요한 게 무엇인지 우선순위가 저절로 드러난다. 사실 중요하다고 생각했던 물건들 중 대부분은 버려도 상관없는 것들이다. 언젠가 필요할지도 모른다는 불안감을 이겨내는 과감함을 가져라. 이러한 마음가짐은 당신에게 자신감을 준다. 게다가 쓸데없는 것을 보관하고 유지하느라 드는 돈까지 아낄 수 있다.

처량한 노년을 피하고 싶다면

'용감하고 활기찬 노년'과 '처량한 노년'의 차이점은 집착을 내려놓고 자신감 있는 삶을 선택하느냐에 달려 있다.

내가 아는 한 70대 선배님은 40대에 사별한 후 지금까지 30여 년을 혼자 살아왔지만, 누구도 그분을 보며 '청승맞다'거나 '처량하다'고 느끼지 않는다. 오히려 언제나 '에너지 넘친다'는 말을 한다. 그 선배가 다른 독거노인과 달리 에너지 넘치는 노년을 살아가는 비결은 무엇일까? 내가 살펴본 바로는 집착을 내려놓고 자신감 있는 삶을 선택한 것이 그 비결인 것 같다.

'혼자 살아가는 삶'을 위한 계획을 서둘러야 하는 이유가 여기에 있다. 처량한 노년을 보내지 않기 위해 집착을 내려놓고, 자신감 있는 삶을 살아갈 계획을 미리 세워야 하는 것이다.

우리가 오랜 시간 사회에서 받은 교육은 돈과 삶에 대해 잘못된 가치관을 심어주었다. 그래서 우리는 흔히 돈에 대해 '많을수록 좋다'와 '돈이 행복을 보장하지는 않는다'는 극단적 사고를 가지기 쉽다. 하지만 실제로는 돈이 있건 없건 현실을 받아들이고 마음을 다스린다면 만족하며 살 수 있다. 이 점을 결코 간과하지 말아야 한다. 관심을 조금만 다른 곳으로 돌려본다면 아마도 돈을 충분히 모으지 못했다고 전전긍긍하며 초조해하는 마음에서 벗어날 수 있을 것이다.

빌 게이츠는 세계 1, 2위를 다투는 부자라는 것 못지않게 어마어마한 기부를 실천하는 것으로도 유명하다. 그는 기부로 인해 자신의 지분이 3%로 줄어, 공동 창업자보다도 낮아졌지만 전혀 신경 쓰지 않는다. 아내와 함께 운영하는 '빌&멜린다 게이츠 재단'은 2014년 9월 말 현재 보유하고 있던 429억 달러의 자산 중 316억 달러를 소아마비, 에이즈, 결핵, 말라리아와 같은 질병을 퇴치하는 일에 쓰도록 기부했다.

또 우리 주변에는 빌 게이츠보다 더 큰 감동을 주는 사람들도 많이 있다. 한평생 김밥을 팔아 틈틈이 모은 돈으로 어려운 사람을 도운 할머니,

공부를 못 한 것이 한이 되어 평생 어렵게 모은 재산을 대학에 기부했다는 뉴스는 종종 우리의 마음을 울린다. 결코 넉넉하지 않은 삶을 살아온 이런 분들은 누구나 마음만 먹으면 이웃과 나누는 삶을 살 수 있음을 보여준다. 돈을 많이 모으고도 전전긍긍하며 더 욕심을 내다 추한 모습을 한 채 늙어갈 것인지, 적은 돈을 갖고도 마음만은 누구보다 부자인 채 당당하고 활기찬 노인이 되어 존경받는 삶을 살 것인지는 당신의 선택에 달려 있다.

나에게 정말 필요한 것

부자가 되면 돈 걱정을 하지 않을까? 결코 그렇지 않다. 가난한 사람은 쓸 돈이 없을까봐 걱정하고, 부자인 사람은 돈을 어떻게 써야 하나 걱정한다. 그리고 가난한 사람과 부자인 사람 사이에는 어떻게든 돈을 최대한 많이 모아 퇴직 후 필요한 비용을 해결하려고 애쓰는 사람들이 있다.

이처럼 누구나 돈에 대한 고민을 한다. 중요한 것은 '돈이 얼마나 많은가'가 아니라 '나에게 정말 필요한 것은 무엇인가?'를 명확히 아는 것이다. 만약 자신에게 정말 필요한 것이 무엇인지 곧바로 떠오르지 않는다면, 자신이 어떤 유형의 사람인지 파악해보는 것이 좋다. 야마시타 히데코는 이를 '현실도피형', '과거집착형', '미래불안형'으로 나누었다.

재미있는 것은 인터넷 리서치나 강의를 통해 조사해보니 대부분의 사람은 '혼합형'이었다. 이 세 유형을 두루 갖추고 있는 탓에 물건을 버려야만 하는 상황에도 머뭇거리고, 왜 망설이는지 원인조차 정확히 파악하지 못하는 것이다.

나는 그런 사람들에게 일단 불필요한 물건을 쓰레기통에 버리고 이웃에 기부하는 것부터 시작하라고 말한다. 이것은 '혼자인 삶'을 계획하는 데 반드시 필요한 과정이다. 맨 처음 한 번이 중요하다. 한 번만 버리는 데 성공한다면 그 뒤로는 훨씬 쉽다. 우선 옷장을 열어 최근 2년간 단 한 번도 입지 않은 옷들을 정리한다. 최근 2년간 입지 않았다는 건 앞으로는 더더욱 입을 일이 없다는 뜻이니 과감히 버려라. 그리고 나서 한결 정리가 된 옷장을 바라보라. 그러면 당신이 삶의 가치관을 어디에 두고 사는지 분명한 모습으로 눈에 들어올 것이다.

혼자가 될
나를 위한
인생계획표

1부 돈, 얼마나 있어야 충분할까

무엇이 중요한지 알려주는 '인생계획표'

누구나 어린 시절부터 지금까지 소원을 빌어볼 기회가 여러 차례 있었을 것이다. 예를 들어, 생일이나 새해에 아니면 우연히 별똥별을 보고는 아주 간절히, 또는 가벼운 마음으로 소원을 빈다.

그럼에도 우리는 그 소원들을 잊은 채 살다가, 인생의 중요한 선택을 앞두거나 생사의 기로에 섰을 때 비로소 얼마 남지 않은 시간 동안 급하게 소원을 이루려 한다. 하지만 결국은 끝내 이루지 못한 소원이 되어버리고 만다. 이것은 어쩌면 우리가 소원을 너무 많이 또는 너무 쉽게 빌기 때문인지도 모른다. 그래서 소원은 이루어지지 않는 것이라 치부해버리기도 한다.

진심으로 소원을 이루고 싶다면, 신중하게 인생계획표를 작성하는 것부터 시작해야 한다. 인생계획표는 자신이 무엇을 중요하게 생각하는지 깨닫는 데 도움을 준다.

계획표를 적다 보면 일생을 통해 이루고 싶은 일, 꼭 해보고 싶은 것

등 여러 가지가 생각날 것이다. 너무 많아 고르기 어렵다면 삶이 몇 개월밖에 남지 않았다고 가정해보자. 그 몇 개월 동안 정말 해보고 싶은 것, 죽기 전에 꼭 하지 않으면 안 될 것 같은 간절함이 느껴지는 것은 무엇인가? 바로 그것이 당신의 진짜 소원이다.

이번 삶에서 해보고 싶은 일들을 모두 떠올려본 뒤, 불필요한 것들은 지우고 정말 이루고 싶은 것들 순서로 정리해보자. 그리고 그 일들을 하나씩 차근차근 해나간다면 두 번째 인생을 성공적으로 살아가는 데 도움이 된다. 그런데 삶이란 알 수 없는 것이라서, 꼭 이루고 싶은 소원을 위해 최선을 다했는데도 예상치 못한 시련이 닥쳐올 수 있다. 40대의 젊은 나이에 큰 병에 걸려 입원하게 될 수도 있고, 50세도 되기 전에 회사에서 명예퇴직을 당할 수도 있다. 살다 보면 그보다 더한 일도 얼마든지 일어난다. 게다가 이런 문제는 특히 돈이나 건강과 관련해 일어난다.

만약 이런 절망적인 상황에 놓였다면 할 수 있는 선택은 두 가지다. 용감하게 받아들이고 냉정히 대처하거나, 자포자기한 채 운명을 원망하고 회피하는 것이다. 이럴 때는 용감하게 현실을 받아들이고 냉철하게 대처해야만 상황을 변화시킬 수 있다. 그저 하늘이 도와주기만을 바란다면 좋은 결과는 결코 오지 않는다.

절망적인 상황에 놓였다고 세상을 원망하거나 시련을 회피하고자 눈을 감아버려서는 안 된다. 현실을 받아들이고 냉철하게 대처하는 마음가짐이야말로 당신이 살아가며 완성해야 할 영혼의 과제이자, 삶의 의미를 깨달을 수 있도록 하늘이 준 선물이기 때문이다.

죽음이 눈앞에 있다면 무엇을 할 것인가

시한부 선고를 받았다고 한번 가정해보는 것도 때로는 의미가 있다. 영화 〈버킷 리스트〉가 사람들에게 재미와 감동을 주는 이유는 삶의 의미를 되돌아볼 수 있기 때문이다. '버킷 리스트'는 죽기 전에 꼭 하고 싶은 일들을 적은 목록을 말하는데, 인생계획표라고도 할 수 있다. 영화는 말기 암 환자인 카터 챔버스(모건 프리먼 분)와 에드워드 콜(잭 니컬슨 분)이 병원에서 친해진 뒤 서로의 버킷 리스트를 완성할 수 있도록 도와주는 과정을 감동적으로 그려내고 있다.

흑인 자동차 정비사인 카터는 자신이 암에 걸렸다는 사실을 안 뒤부터 버킷 리스트를 만들기 시작했다. 이것을 본 재벌 사업가 에드워드는 자신의 돈으로 카터와 함께 죽기 전에 꼭 하고 싶은 일들을 실행하기로 결심한다. 이후 그들은 세계를 여행하며 스카이다이빙, 카레이싱, 피라미드 오르기, 아프리카에서 사냥하기 등을 경험하며 목록을 완성해간다. 그러는 동안 육체는 죽음과 가까워지지만 영혼은 마음속 가장 깊은 곳을 돌아보게 된다. 마침내 그들은 인생에서 가장 소중한 것은 가족과 우정이라는 사실을 깨닫는다. 여행 중 어쩌다 크게 싸운 두 사람은 헤어져 각자의 집으로 돌아가지만, 버킷 리스트를 이루려고 노력했던 시간들을 소중히 생각한다.

그렇게 영화는 결말을 향해 가고, 에드워드와 카터는 결국 버킷 리스트를 모두 완성하지 못한다. 하지만 세상에서 가장 비싸다는 코피 루왁이 사실은 사향고양이의 똥에서 나온 커피 씨앗이라는 사실을 안 카터는 마지막으로 '눈물 날 때까지 웃어보기'를 이룬 뒤 수술대에서 세상을 떠난다. 한편 그동안 존재를 몰랐던 손녀와 만난 에드워드는 손녀를 껴안고 이마에 키스를 함으로써 '세상에서 가장 아름다운 소녀와 키스하기'를 이룬다. 그렇게 각자의 버킷 리스트를 완성한 두 사람은 만족스런 미소로 죽음을 맞이하며 아름답고 후회 없는 인생을 마무리한다.

소설 《나우 이즈 굿》(제니 다우넘 저, 문학동네), 《라이프 리스트》(로이 넬슨 스펠먼 저, 나뭇잎의자) 등도 이와 비슷한 소재를 다루고 있다. 작품들은 하나같이 시간을 소중히 여기고, 이루고픈 일과 반드시 해야 할 일을 분명히 알아야 멋진 인생을 살 수 있다고 조언한다.

바로 지금, 두 번째 인생을 준비할 시간

현대인의 평균 수명은 계속 연장되어 100세 시대가 이미 열리고 있다. 그러니 반백년을 살며 세상의 온갖 풍파를 경험한 50대라도 이제 막 인생의 전반전을 끝낸 것에 불과하다.

요즘 50대는 활력이 넘치고 경제력도 갖추고 있다. 이들은 생계 때문에 젊은 시절 포기했던 꿈을 마음속에 간직하고 있다. 어떤 이들은 여건이 좋지 않았거나 살아가는 데 급급해서 미처 생각해보지 못했던 꿈을 뒤늦게 발견하기도 한다. 그런 의미에서 50대는 인생을 잘 살아가기 위한 인생계획표를 만들기 가장 좋은 나이이기도 하다.

오마에 겐이치大前研一는 자신의 저서 《하프타임》(네모북스)에서 "50대는 제2의 인생에 대한 고민을 행동으로 '전환'해야 할 시기이며, 30대부터 일찌감치 두 번째 인생을 준비해야 한다"고 말한다.

오마에 겐이치가 직접 겪은 경험들은 독자에게 매우 긍정적인 모범이 되고 있다. 그는 50세가 넘은 지금도 열정적으로 여행과 운동 그리고 악기 연주와 같은 취미 생활을 하고, 적극적으로 새로운 것을 배우면서 멋진 인생을 살아가고 있다.

그는 만약 50세가 다 되어가도록 직장에서 발전하지 못한 채 정체되어 있다면 더 이상 올라갈 자리가 없음을 인정하고 두 번째 인생을 신중히 계획해야 한다고 직언한다. 또 이때 대담함과 식견을 가지고 용감하게 현실을 직시해 과거에 집착하지 않아야 삶을 성공적으로 이끌 수 있다고 말한다.

오마에 겐이치의 충고는 중년에 이르러 현실을 깨닫는 데 도움을 준다. 하지만 지금까지 평범하고 보잘것없는 인생을 살아왔다고 생각하는 사람들 중에는 자신이 정말 하고 싶은 것이 무엇인지 알지 못하는 이들도 꽤 있다. 지금 당장 무엇을 해야 할지 떠오르지 않을 때는 우선 자신이 다른 사람을 위해 무엇을 할 수 있는지 생각해보는 것이 좋다.

내 전문성으로 다른 사람 돕기

고령사회를 눈앞에 둔 한국에서 65세 이상 노인 인구는 빠른 속도로 증가해 2015년에는 전체 인구의 13.1%를 차지했다. 2017년에는 고령 사회의 기준이 되는 14%를 기록했으며, 2026년이 되면 초고령사회로 분류되는 20%를 넘어설 것으로 전문가들은 내다보고 있다. 그래서 2050년에는 한국이 일본에 이어 '노령 인구 비율' 세계 2위가 될 것이라고 전문가들은 예측한다.

그렇다면 길고 긴 나머지 인생을 어떻게 살아가야 할까? 요즘은 많은 사람들이 퇴직 이후 독립적이고 자유로운 미래를 위한 계획을 서둘러 세우기 시작했다. 계획을 세울 때는 퇴직 후에도 쉬지 않고 일하겠다는 것보다는 그동안 쌓은 경험과 지혜를 토대로 정말 하고 싶은 일을 하면서 다른 사람을 돕겠다는 계획을 세우는 것이 좋다.

지인 중에 유명한 작가가 하나 있는데, 27년간의 창작 활동을 접은 후로는 방송에 출연해 문학 이야기를 나누기도 하고, 글쓰기 강의도 활발히 하고 있다. 그의 강의는 저렴하면서도 매우 뛰어나다고 평가받고 있어, 돈을 버는 것보다는 재능 기부를 하고 있는 셈이다.

내가 예전에 휴렛패커드에서 근무할 당시 영업부 팀장이었던 지인도 마찬가지이다. 그는 승진을 거듭해 휴렛패커드 중국 지사장을 거쳐 텍사스 인스트루먼트 Texas Instrument 아시아 부문 CEO를 역임한 후 폭스콘 Foxconn 경영진으로 일했다. 현재는 퇴직하고 35년에 걸친 자신의 경영 관리 노하우를 가르치며 청년들의 창업을 돕고 있다.

이처럼 자신의 전문성을 인생의 후반전에도 계속 활용하는 경우도 있고, 새로운 분야에 도전해 성공한 사례도 있다. 과거 해군 함장이었던 사람이 퇴직 후 요리사가 되기도 하고, 기업의 사장이었던 사람이 시골로 내려가 농사를 지어 성공하기도 한다. 또 금융계에 몸담고 있던 사람이 엉뚱하게 계곡 트래킹 강사가 되는 걸 본 적도 있다.

난 지금 특별한 사람들의 이야기를 하는 것이 아니다. 두려워하지 말고 자신의 길을 갈 수 있도록 용기를 내자. 머뭇거리며 앞으로 나아가지 못하는 이유는 길이 보이지 않아서가 아니라 발걸음을 내디딜 용기가 없어서다.

해마다 더욱 새로워지는 인생계획표

나는 일찍부터 인생계획표를 만들기 시작했다. 어린 시절에 주로 혼자 지낸 편이라 나이에 어울리지 않게 '나는 누굴까?', '삶은 어딜 향해 가는 것일까?', '나의 운명은 어떻게 되는 걸까?', '나에게 주어진 미션은 무엇일까?' 같은 철학적인 질문을 끊임없이 던지곤 했다. 물론 매번 구체적인 답을 얻어낸 것은 아니지만, 모호한 답들이 합쳐지면서 어렴풋이 하나의 그림이 그려졌다. 이 그림은 점점 선명해지더니 마침내 정확한 방향을 알게 됐다.

1998년, 그러니까 서른셋이던 해에 나는 타이완의 마이크로소프트 사에서 근무했다. 당시 남들보다 빠르게 승진한 덕에 여러 제품 개발과 마케팅에 대한 보고서를 날마다 정신없이 작성하며 살아야 했다. 그렇게 4년간 매일 아침 9시부터 밤 11시까지 눈코 뜰 새 없이 일하며 지냈다.

그러는 사이 팀의 규모는 빠르게 커져갔지만, 그럴수록 회의나 미팅은 예전과 달리 형식적으로 변해갔다. 그러자 마음속에서 어떤 경고음이 들려왔다. '평생 컴퓨터 제품을 팔면서 살아야 할까?', '내가 살면서 정말 해야 할 일은 무엇일까?'

계속되는 질문 끝에 나는 결론을 내렸다. 대기업에서의 보장된 앞날과 남들이 부러워하는 액수의 스톡옵션을 포기하고, 마음의 소리를 따라 창업을 하기로 결심한 것이다. 안정된 직장인의 삶을 정리한 나는 마케팅 자문회사를 세웠다. 당시에 나는 이것이 두 번째 인생이라고 생각했다.

퇴직금은 충분히 쌓이지 못한 상태였지만 다년간 열심히 일한 경험으로 '하고 싶은 일에 노력을 쏟는다면 결코 굶어 죽지는 않는다'는 자신감을 가지고 있었다. 그렇게 과감히 직장인으로서의 삶을 정리하자 '돈을 위해' 일하지 않게 됐다. 그런데 아이러니하게도 돈을 위해 일하지 않게 되자, 내가 번 돈이 더욱 소중한 의미로 다가왔다.

창업한 뒤 10년이 훌쩍 넘는 시간 동안 나는 항상 만족하면서 즐겁게 일했다. 그리고 나와 같은 방향을 바라보며 함께 열정을 불태워 주는 직원들을 격려할 수 있었다. 열정을 가지고 최선을 다해 일하다 보면, 어느덧 그게 일이라는 사실조차 잊게 된다. 그렇게 되면 나의 재능을 마음껏 발휘하며 인생을 즐길 수 있다.

돈을 위해 일하던 직장인에서 돈이 아닌 다른 가치를 위해 일하기 시작하자, 인생계획표가 매우 단순하게 바뀌었다. 나에게 중요한 것은 단 네 가지였다. 첫째, 부모님께 효도하고 건강을 챙긴다. 둘째, 적어도 3~4년에 한 번은 프랑스 파리에서 장기간 머문다. 셋째, 마케팅과 경영

관리에 관련된 지식과 경험을 활용해 다른 사람과 기업을 돕는다. 넷째, 나의 능력을 다른 사람을 위해 사용한다.

실제 인생계획표의 세세한 부분은 이것보다 구체적이겠지만, 최소한 자신이 살아가면서 꼭 이뤄야 할 것, 진정으로 힘을 쏟아야 할 부분만은 분명히 하자.

인생계획표를 고치면 지금 해야 할 일이 보인다

불교의 명언 중에 "죽음과 내일 중 무엇이 먼저 다가올지는 아무도 알지 못한다"라는 말이 있다. 나 역시 창업한 뒤 많은 우여곡절을 겪었다. 고객들에게 신뢰를 쌓아가며 사업이 안정되는 듯하자, 어머니가 중풍으로 쓰러지셨다. 그리고 어머니의 상태가 호전되기도 전에 아버지가 세상을 떠나셨다.

5년 간격으로 아무런 준비도 없이 큰일들을 겪으면서 나는 많은 충격을 받았다. 그리고 이 사건들을 계기로 내가 정말로 하고 싶은 것이 무엇인지 영혼의 본질과 가까운 질문을 스스로에게 던질 수 있었다.

누구나 자신만의 경험과 미션을 갖게 마련이다. 그러니 인생계획표를 이미 작성했더라도 현재 필요한 것을 살펴 새롭게 고쳐보도록 하자. 수시로 계획표를 수정하고 고쳐나가다 보면 생각이 집중되면서 더욱 명확한 길이 보이고 방법은 구체화될 것이다.

특히 나이가 들수록 물질적인 것들은 더 이상 중요하지 않음을 깨닫게 된다. 매년 인생계획표를 새로 고쳐간다면 정말 신경 써야 할 중요한 곳에 생각을 집중하면서 뜻있게 살아갈 수 있다.

세월이 흐를수록 계획표에 적힌 개수는 점차 줄어들겠지만, 그만큼 하나하나가 더욱 중요해질 것이다.

몇 년 전 나는 이름 높은 스님에게 가르침을 얻을 기회가 있었다. 그때 스님은 "살아가는 데 밥 한 사발과 몸 누일 곳만 있으면 충분하니 살면서 실제로 필요한 것은 매우 단순하다. 본인의 집착을 내려놓고 중생을 이롭게 하는 것이야말로 인생의 길이라 할 수 있다"고 하셨다. 이 가르침을 통해서 나는 욕심을 버리는 용기뿐만 아니라 스스로의 능력으로 의미 있고 행복한 삶을 살아갈 수 있다는 자신감을 얻을 수 있었다.

창업을 한 뒤 어머니가 중풍으로 쓰러지고 아버지가 세상을 떠나시기까지의 내 인생은 몇 단계로 나누어볼 수 있다. 어머니가 중풍에 걸리시기 전까지는 즐거움의 연속이었다. 하지만 어머니가 쓰러진 뒤 나는 인생의 밑바닥에서 마음의 상처를 어루만져야 했다. 또, 아버지가 돌아가신 후에는 가정의 모든 책임을 감당하는 법을 배워야 했다. 그렇게 인생의 단계마다 주어진 임무가 달랐기 때문에 인생계획표의 내용 역시 해마다 더욱 새로워졌다.

점차 연로해지는 부모님을 모시기 위해선 인생의 흐름을 직시할 줄 알아야 한다. 아버지가 돌아가신 뒤 집에는 나와 어머니만 남았다. 따라서 집안에서 생기는 큰일들은 모두 내 몫이 되었다. 그래서 나는 가끔씩 뉴스에서 재난이 발생했다는 소식이 들릴 때면, 어머니와 함께 예측하기 힘든 '만약의 경우'뿐 아니라 죽은 뒤의 일에 관해서도 의견을 나누곤 한다. 그리고 매우 조심스럽게 내가 먼저 죽을 경우에 대해 이야기를 꺼내기도 한다. 물론 어머니는 그런 이야기를 싫어하시지만, 꼭 필요하다 여겼기에 계속해서 시도하여 결국에는 하고 싶은 말을 할 수 있었다.

나는 마음껏 놀고 일하고 여행도 실컷 해봤기 때문에 삶이 여기서 끝난다 해도 아무런 후회가 없다. 그래서 지금 내가 가장 신경 쓰는 일은 어머니가 노년을 편안하게 보내는 것뿐이다. 이처럼 나는 인생계획표에 만약의 경우까지 포함시킨다. 그래야 '마지막에 혼자 남는 사람'이 내가 아니라 어머니가 되더라도, 남은 삶을 더 즐겁고 의미 있게 살아가실 수 있을 것이다.

다른 사람을 위할수록 커져가는 행복

물질적인 것들이 더 이상 중요하지 않고, 심지어 '덜어내는 법'을 연습해가는 과정에서 나는 새로운 삶의 동력을 찾았다. 이렇게 10여 년을 살다 보니 '다른 사람을 위하는 삶이 또 다른 즐거움을 가져다준다'는 사실을 깨달은 것이다. 만약 물질적으로 욕심이 별로 없는 사람이라면 다른 사람을 도와주며 더 많은 행복을 찾을 수 있다. 먼저 가족과 친구들에서부터 시작해 점차 낯선 사람에게까지 범위를 넓혀가도록 하자.

이와 같은 사실을 깨달은 뒤 나는 매년 현실적인 상황을 고려해 인생계획표의 계획들을 조금씩 수정해왔다. 그리고 3년 전 여러 어려움들을 해결한 뒤, 마침내 오랫동안 준비한 인생의 계획들을 실천하기 시작했다. 바로 저금을 깨서 누나 둘과 함께 거동이 불편한 어머니를 모시고 캐나다로 여행을 떠나는 것이었다. 우리 네 사람은 루이즈^{Louise} 호수 주변을 여유롭게 산책하고, 빙원에 올라 이색적인 풍경을 감상하기도 했다. 또 밴프^{Banff}에서 온천을 즐기기도 했다. 온 가족이 여행을 하다 보니 아버지도 함께하신다는 느낌이 들어, 마치 어린 시절로 돌아간 것만 같았다.

캐나다에서 여행을 마치고 돌아온 다음 해에 우리는 아버지의 고향을 찾았다. 아버지의 고향은 중국 푸젠^{福建}성 샤먼^{廈門}에서 또 세 시간 정도 차를 타고 가야 하는 메이저우^{梅州}시다. 우리는 그곳에서 오랜만에 아버지의 형제분들과 가족들을 찾아뵈었다. 어머니와 100세 가까이 되는 큰 숙모가 서로 부둥켜안고 눈물을 흘리는 모습을 보니, 생전에 먼 고향을 그리워하던 아버지의 마음까지 풀어지는 것 같아 뿌듯했다.

그렇게 인생계획표에 적힌 계획들을 실천하자 어머니의 몸과 마음 역시 많이 건강해지셨다. 마음이 밝아지자 자연히 건강도 회복된 것이다. 어머니 친구분들은 어머니를 볼 때마다 놀라시면서 건강이 훨씬 좋아진 것 같다고 말씀하신다. 두 차례의 여행을 통해 어머니가 몸과 마음의 장애를 극복하고 자신감을 되찾으면서 의욕과 활력이 생기길 바란 내 계획은 성공적으로 이루어졌다.

작년 가을에는 다시 어머니를 모시고 일본 규슈^{九州}로 단풍 여행을 다녀왔고, 올해에는 더욱 분발해 일본 구로베^{黑部}와 다테야마 산^{立山}을 여행했다. 어머니의 꿈이 실현되도록 도와주는 동안 내 꿈이 이루어지고 서로의 인생계획표를 완성하니 기쁨과 행복은 두 배로 커져갔다.

가장 사랑하는 사람이 꿈을 실현할 수 있도록 도와주는 것은 결국 자신을 위해서다. 인생을 즐기면서 두 사람 모두 함께 발전해갈 수 있기 때문이다.

두 번째 인생을 위한 꿈

어머니의 꿈을 실천에 옮긴 뒤 나는 자신의 꿈을 실천하기 위해 파리로 향했다. 이 계획은 20년 동안 항상 인생계획표 윗줄에 있었지만 이루지 못한 상태였기 때문이다. 그런데 파리를 여행하고 돌아온 후 3주간 나는 시차 적응을 못 하고 불면증에 시달렸다. 그렇게 고생하며 곰곰이 생각해보니 단순히 시차 탓만은 아니란 생각이 들었다. 몸은 이미 떠나왔지만 마음은 여전히 파리에 머물고 있는 느낌이 들었기 때문이다. 나는 마음속에 가득 담긴 감동과 향수를 그대로 담아 《나 자신을 찾는 여정》이라는 책을 냈다. 그런데 이 책을 읽은 많은 독자들이 자신을 찾기 위해 내면의 깊은 곳으로 여행을 떠나기 시작했다. 무척 고맙고 반가운 일이 아닐 수 없다.

이렇게 나는 매년 새롭게 인생계획표를 수정하는 습관을 통해 한 해 동안 복잡하게 얽힌 마음을 정리하게 되었다 그리고 하나하나 계획들을 완성해가면서 예전에는 없던 자신감을 갖게 된다.

만약
일을 하지
않는다면?

일은 언제까지 계속해야 할까

두 번째 인생을 계획하기로 결심하는 순간 '계속 일을 해야 할까?' 하는 질문을 하게 된다. 이때 '미래를 위한 자금이 충분한가?' 하는 것뿐 아니라 좋아도 하고 원망도 하게 마련인 일에 대한 생각까지 면밀히 고민해봐야 한다. 자신이 직업의 어느 부분을 좋아하고 어느 부분을 싫어하는지 생각해보라는 이야기다. 그래야만 마음속 뒤엉킨 감정들을 말끔히 정리하고 다시 스스로에게 '계속 일을 해야 할까?'라는 질문을 진지하게 던질 수 있다. 만약 이런 과정을 거치지 않는다면 직장을 떠난 뒤 예기치 못한 상실감에 빠져, 곧바로 후회하며 직장에 다니던 시절을 그리워하게 될지도 모른다.

만일 지금까지 오직 돈을 벌기 위해서 일을 한 경우라면, 자금이 충분히 모아진 뒤에는 일단 일할 생각을 접자! 그 돈으로 신중하게 재테크를 하면서 재산을 충분히 늘리고, 경제 기반을 쌓아 편안한 미래를 보내는 편이 좋다.

그렇게 어느 정도의 기간 동안 쉴 만큼 쉬고도 다시 일해야겠다는 생각이 들지 않는다면, 그때부터는 새로운 시도를 해보는 것이 좋다. 아직 해보지 않은 일들 중에서 자신이 할 수 있는 일 또는 젊은 시절에 좋아했거나 해보고 싶었던 무언가를 생각해보자. 요리, 악기 연주, 글쓰기, 노래, 스포츠 등 소재는 무궁무진하다. 그렇게 나머지 삶은 자신을 위해 살아가야 후회가 남지 않는다.

정년이 되기 전에 사직을 해야 할지 고민된다면, 먼저 스스로에게 묻는 게 좋다. 나는 내 일을 공정하고 냉정하게 바라보고 있는가? 아직 열정이 식지 않았는가?

직장인에게 사직 의사에 대해 물으면, 반응은 크게 둘로 나뉜다. 첫째, 미래를 위한 자금이 충분하다면 일찍 퇴직할수록 좋다. 둘째, 내 일을 너무 좋아하기 때문에, 또는 아직 돈이 부족하기 때문에 직장을 떠나기 싫다.

아마도 대부분의 경우 퇴직하고 싶은 마음과 안정적인 수입과 지위를 계속 유지하고 싶은 마음이 서로 갈등을 일으킬 것이다. 하지만 스스로 선택하지 않으면 결국 강압적인 결정에 따라야 하는 순간이 올지 모른다. 명예퇴직이나 권고사직 등으로 물러나게 될 수도 있고, 건강 때문에 더 이상 업무를 감당할 수 없는 지경에 이르기도 한다. 이런 상황에 처한 사람들을 보면 공통적으로, 일을 즐겁게 하지 못하거나 직장 생활이 죽도록 힘들다고 느낀다.

아침마다 죽도록 괴로운 심정으로 출근해서는 결코 좋은 성과를 올릴 수 없다. 오히려 가장 먼저 퇴직자 명단에 이름이 올라가기 쉽다. 이런 경우 우울감 때문에 건강이 상할 가능성도 높다. 가혹한 이야기 같지만 현실이다.

강제로 직장을 잃기 싫다면 현실을 직시하고 직장이 자신에게 어떤 의미인지부터 고민해야 한다. 그리고 서둘러 남은 인생을 계획하고 상황에 따라 시기적절한 선택을 한다면, 괴로운 상황에 놓이는 것을 피할 수 있다. 만약 아직도 자신이 무엇에 흥미를 느끼는지 모르겠다면, 그간 정신없이 사느라 시간을 낭비했다는 뜻이기도 하다. 인생은 낭비한 만큼 대가를 스스로 지불해야만 한다. 그나마 다행스러운 점은 지금이라도 깨닫고 노력한다면 아직 늦지 않았다는 사실이다.

인생은 스스로 결정하고 책임져야 한다

내가 20년 가까이 진행하는 라디오 프로그램에서는 청취자와 전화 연결을 할 때가 많다. 종종 이직을 고민하고 있는데 직업을 바꿔도 괜찮을지 물어보는 청취자를 만나게 된다. 그럼 나는 이렇게 대답한다.

"자신이 뭘 좋아하는지 알려고도 하지 않은 채 다른 사람 의견만 묻는군요. 제가 당신에게는 우주선 조종사가 적합한 것 같다고 하면 그렇게 할 건가요?"

심지어 여러 번 직장을 옮겨봤지만 '재미가 없어서' 못 다니겠다는 사람도 종종 있다. 이런 말을 하는 사람은 스스로 무기력함을 드러내는 것이라 생각한다. 100% 열정을 쏟아보지 않은 사람은 마음대로 자신을 포기할 권리도 없다. 그건 진짜 포기가 아닌 '도망'가기 위한 핑계일 뿐이다.

지난날 직장 생활하던 때를 되짚어보면, 항상 열정을 쏟아붓느라 내가 일을 하고 있다고 의식할 틈조차 없었다. IT 분야에 근무하느라 매일 16시간 넘게 일에 파묻혀 살았음에도 불구하고, 나는 퇴근하기가 아쉬울 만큼 열정적이었다. 솔직히 말하면, 나도 몇 차례 우울했던 시기가 있었다. 시간이 흘러 상황이 나아진 다음, 그 당시 내가 사용했던 전략을 분석해봤더니 다음과 같았다.

첫째, 재미없는 일이라도 흥미를 느낄 수 있도록 최선을 다해 일하면서 성취감을 만들어낸다. 둘째, 온힘을 쏟은 뒤에도 여전히 감당할 수 없다는 확신이 들면 최대한 빨리 직장을 바꾼다. 이런 전략 덕에 스스로 책임을 지고 직장 생활을 접을지언정 직장에서 버려지는 일은 경험하지 않았다.

열정이 식었다면 변화가 필요한 때

휴렛패커드에 입사했을 당시 나는 슈퍼컴퓨터인 HP9000 시리즈 영업점에서 마케팅 기획을 담당했다. 기업 관리를 전공한 나는 원래 사무용 컴퓨터인 HP3000 시리즈 영업점에서 일하길 원했다. 하지만 이미 부서 편성이 끝난 뒤라 어쩔 수 없었다. HP9000 시리즈는 주로 항공 우주, 자동차, 기계 등의 설계에 응용되는 컴퓨터였기 때문에 나에게는 완전히 생소한 분야였다.

그럼에도 나는 휴렛패커드가 좋았다. 들어가길 간절히 원했던 회사였고, 어렵게 채용된 만큼 최선을 다하고 싶었다. 그래서 매일 책을 보며 3개월 동안 전기기계, 기계장치 등에 관한 기본적인 원리를 공부했고, 마침내 슈퍼컴퓨터의 기능과 특징을 완전히 파악할 수 있었다.

어느 날 제품 상담 중에 한 엔지니어가 나에게 혹시 전기기계학을 전공했느냐고 물었다. 책을 보고 독학을 했다는 말에 그가 무척 놀라는 얼굴을 했던 기억이 난다. 재미없고 지루하기만 했던 일이 즐거워지는 순간이었다.

견디기 힘들었던 또 한 번의 직장 생활은 바로 마이크로소프트에서의 마지막 3~4개월이었다. 내부 조직이 변화해 소통이 효율적으로 되지 못하는 점이 가장 참기 힘들었다. 게다가 이런 상황은 갈수록 악화될 것이 분명해 보였다. 결국 나는 '회사를 원망하면서 일하는' 상황을 피하기 위해 최대한 빨리 직장을 떠나 창업하기로 결심했다.

나는 항상 후배들에게 이렇게 충고한다. "반드시 자신의 직업에 관해 냉철한 판단력을 유지하고 있어야 해. 열정이 넘쳐서 일을 하면서도 일한다는 생각이 들지 않는 것이야말로 가장 행복한 상태다. 이때는 의식하지 않아도 승진과 연봉 인상이 따라오게 돼 있지."

반면, 열정이 생기지 않거나 어느 순간 식어서 점차 직장 생활에 자신감을 잃거나, 오로지 돈 때문에 회사에 다니고 있다면 과감한 선택을 해야 할 때일지도 모른다.

나는 돈을 위해서만 일하는가

먼저 '일'과 '돈'의 관계를 자세히 관찰해보자. 일반적으로 일은 돈을 벌기 위한 수단으로 여겨진다. 사실 일과 돈의 관계는 좋으면 좋았지 나빠지긴 힘들다.

직장 생활을 할 당시, 나는 새벽 1~2시까지 야근하는 일이 잦았다. 야근 수당이 있는 것도 아닌데 매일 그렇게 일했다. 그런 나에게 한번은 사장이 물었다. "자네는 무엇을 위해 날마다 야근을 하나?" 나는 길게 생각지 않고 곧바로 대답했다. "몇몇 중국어 명칭을 통일할 필요가 있어서 보고서를 작성하려고 야근하고 있습니다." 그러자 사장이 말했다. "아니, 그렇지 않네. 보고서 때문이 아니라는 건 자네도 알고 있지 않나. 자네는 일을 위해서가 아니라 바로 자네의 열정 때문에 이 시간까지 일하고 있는 거야."

이 지적은 나에게 큰 깨달음을 주었다. 돈이나 인정받고 싶어서가 아니라 자신의 열정을 위해 일할 때 진정으로 일을 즐길 수 있다. 물론 돈은 일의 대가로 따라온다. 그래서 급여는 분명 일의 만족도에 영향을 준다. 절대적이지는 않더라도 영향을 주는 것은 분명하므로, 경영자 입장이라면 그 중요성을 무시해서는 안 된다. 일과 돈은 서로 보완하며 긍정적인 효과를 일으킬 수 있다.

자신이나 가족을 위해 '돈을 벌기 위한 목적으로만' 일을 해본 경험이 있는가? 많은 사람이 오로지 돈 때문에 일해서는 안 된다고 말하니까 돈을 벌려고 일하는 것이 창피한 일로 여겨질 수도 있다. 하지만 절대 그렇지 않다. 돈을 벌기 위해 일하는 것도 지극히 자연스러운 모습이다. 다만 자신의 처지가 그렇다 해도 괴로워하거나 열정 없이 일해서는 안 된다. 그랬다가는 일이 나를 좀먹게 되고, 그러다 보면 결과는 충분히 예상할 수 있을 것이다. 최선을 다하지 못하게 되어 결국 회사에도 해를 끼치게 된다.

돈을 위해 일하는 건 잘못이 아니다

나는 기업 자문을 자주 하는데, 젊은 사원들이 "나는 돈 때문에 일하는 게 아닙니다"라고 당당히 말하는 것을 보면 사실 듣기에 썩 좋지는 않다. 돈을 위해 일하지 않는다는 말이 꼭 높은 이상을 위해 일한다는 뜻은 아니다. 이들 중에는 '취미'처럼 일을 하는 사람도 있다. 당장 돈을 벌지 못해도 먹고사는 데 지장이 없고, 학교를 졸업하고도 부모님에게 경제적 지원을 받는 사람도 있다. 그런데 금전적 부족함과 절박함이 없는 사람은 최선을 다해 일하지 않는 경우가 많다. 그 때문에 '돈을 위해 일하지 않는다'는 말이 썩 좋게 들리지는 않는 것이다.

돈을 위해서건 아니면 다른 성취동기를 위해서건 일을 하면 매달 월급이 나온다는 사실은 변하지 않는다. '일'과 '돈'은 서로를 보완해 긍정적인 효과를 일으킨다. 일에 쏟는 열정이 많을수록 들어오는 수입도 많은 법이다.

"돈은 중요하지 않아! 일이 재미있고 의미가 있는지가 더 중요해"라고 말하는 사람들도 주변에서 볼 수 있다. 하지만 그들조차 연봉 협상을 할 때가 되면 매우 세세한 부분까지도 따져본다.

이와 달리 명함에 적힌 직함에 매우 연연하는 사람들도 있다. 이런 사람들에게 일은 단순히 돈 버는 것 이상의 의미를 지닌다. 보이지 않는 성취감을 갖게 해줄 뿐만 아니라 사회적으로 높은 지위에 있다는 상징이 되어주기 때문이다. 이런 이들에게 사직이나 퇴직은 안정적인 수입과 함께 일종의 자부심을 충족시켜주는 터전을 잃는 것이나 다름없다. 그렇다 보니 분명 직장을 떠난 상태임에도 여전히 명함을 지니고 다니며 이전의 직함을 이야기하기도 한다. '전 회장', '전 대기업 이사'라는 말을 입버릇처럼 달고 다니는 경우다. 이들은 퇴직 후에 금전적 여유가 얼마나 있느냐와는 별개로 체면과 허영심을 만족시키고 싶은 욕구가 더 큰 사람들이다.

내 일의 가치는 어디에 있을까

당신이 지금 읽고 있는 이 책은 내가 104번째로 쓴 책이다. 100권 이상의 책을 썼다고 하면 다들 놀라기 일쑤이고, 더러는 "그렇게 많이 쓰면 지겨워지지 않나요?"라고 묻기도 한다. 하지만 나는 여전히 글 쓰는 것이 즐겁다. 그래서 날마다 한두 시간은 책을 읽거나 글을 쓰며 실력이 녹슬지 않도록 한다. 몇 년 전에는 '중년 여성을 위한 글쓰기 교실'을 개설했다. 현실 때문에 꿈을 포기해야 했던 중년 여성들이 글쓰기의 꿈을 이어가도록 돕고 싶다는 마음 때문이었다.

내가 가진 경험을 나눠주기 위해 또 다른 계획도 실천에 옮겼다. 다년간 쌓아온 마케팅과 기업 관리 경력, 그리고 인생 경험을 결합해 '우뤄취안의 행복학원'을 개설한 것이다. 인터넷을 통해 영상을 공유하는 한편 실제 교육 강좌를 개설해 많은 사람들이 몸과 마음의 균형을 얻고, 행복을 찾을 수 있도록 도와주는 것이 목적이다.

학원을 개설할 당시, 나는 미국 하버드대학교 경영대학원 교수인 클레이튼 크리스텐슨^{Clayton M. Christensen}이 쓴 《당신의 인생을 어떻게 평가할 것인가》(랜덤하우스코리아)를 다시 한 번 읽어보았다. 그가 하버드 경영대학원 졸업반 학생들에게 한 매우 감동적인 강의 내용을 담은 책이다. 그는 이 책에서 인생에 대한 사람들의 다양한 태도를 설명하며 중요한 질문 하나를 던진다. '어째서 성공을 쫓은 사람들이 쉽게 불행에 빠질까?' 하는 것이다.

그는 하버드 동기 가운데 학업 성적이 우수했던 많은 이들이 사업을 성공시키기 위해 노력하던 중 이혼하거나 자녀와의 관계가 극단적으로 안 좋아지는 경우를 종종 봐왔다. 또한 스캔들을 일으키고, 심지어 범죄를 저질러 감옥에 가는 모습까지 보았다고 한다. 그런 모습을 옆에서 보며 많은 노력에도 불구하고, 인생에서 실패할 수밖에 없었던 이유에 대해 의문을 가진 것이다.

　미국 유타 주 솔트레이크시티에서 태어난 크리스텐슨 교수는 옥스퍼드대학교에서 경제학 석사 학위를 따고 하버드대학교에서 경영학 박사 학위를 얻었다. 과거 림프암에 걸린 적이 있는 그는 힘든 화학 치료를 견디며 인생에서 가장 큰 고비를 이겨내야 했다. 게다가 부친 역시 림프암으로 세상을 떠났기에 병마와 싸우면서도 계속해서 인생의 의미를 되돌아보았다. 그리고 마침내 '신은 돈이 아닌 얼마나 많은 사람들에게 도움을 주었는지를 보고 인생을 평가한다'는 것을 깨달았다고 한다.

　그의 강의는 많은 학생들이 인생에 대해 중요한 문제들을 고민해볼 수 있게 돕고 있다. "인생에는 복잡하고 어려운 수많은 문제들이 있다. 주어진 기회 또한 사람들마다 다르니 반드시 스스로 해답을 찾기 위해 노력해야 한다"고 그는 말한다.

　그는 자신의 책 《당신의 인생을 어떻게 평가할 것인가?》에서 학생들에게 다음 세 가지 질문을 통해 스스로 답을 찾아보라고 권하고 있다.

　　첫째, 나는 사회생활을 하면서 성공할 수 있으며 과연 행복해질까?
　　둘째, 배우자나 자녀, 친구들과의 관계가 계속해서 나에게 행복의 원천이
　　　　 될까?
　　셋째, 나는 성실한 삶을 살고 평생 감옥에 갈 일이 없을까?

　이런 질문을 통한 깨달음은 '두 번째 인생'을 계획하는 데도 적용해

볼 수 있다. 특히 직장에서 다시 흥미를 가질 수 있을지 또는 재능을 발휘할 수 있을지, 더 나아가 미래의 삶을 성공적으로 살아갈 수 있을지 그 핵심 요소를 짚어줄 수 있다.

인생의 전반전은 정말 어리석게, 심지어 아무것도 모르는 상태로 흘려 보냈을지 모른다. 하지만 이제 다시 혼자가 되어 살아가야 할지도 모른다는 사실을 직시한 만큼, 진지하고 엄숙하게 고민해보자. 나에게 일은 무엇인가? 오직 돈을 벌기 위해서만 일하지 않게 된 순간, 내면의 이상과 열정은 더욱 순수하게 드러날 것이다.

일을 즐기며 살아가는 삶

어머니는 중풍 후유증 치료를 위해 오랜 기간 중의학자인 의사 선생님께 치료를 받으셨다. 그런데 선생님은 무려 104세의 고령에도 불구하고 늘 활기 넘치는 모습으로 환자들을 치료한다. 그분이 단지 돈을 위해서만 일을 했다면 일찌감치 퇴직하여 한가롭게 노후 생활을 했을 것이다. 하지만 자신의 일에 열정을 가지고 있기에 항상 환자들을 염려하며 계속해서 의사로서의 책임을 다하고 계신다.

자신의 일에 대단한 열정을 가진 사람으로는 애플의 창업자 스티브 잡스Steve Jobs를 빼놓을 수 없다. 췌장암에 걸린 그는 인생의 마지막 순간까지 최선을 다해 사랑하는 회사와 제품을 위해 헌신했다. 하지만 그 역시 과거에는 자신이 만든 회사인 애플에서 쫓겨났다가 다시 복귀하는 우여곡절을 겪었다.

잡스는 2005년 스탠퍼드대학교 졸업식 연설에서 이렇게 말했다. "당신에게 주어진 시간은 한정되어 있습니다. 그러니 다른 사람의 삶을 사느라 시간을 낭비하지 마십시오. 다른 사람의 시끄러운 의견이 당신의 마음속 목소리를 침범하지 못하게 하세요. 용기를 내어 마음과 직관을 따르는 것이야말로 가장 중요합니다. 마음과 직관은 이미 당신이 무엇을 진정으로 하고 싶어 하는지 알고 있습니다. 그 외의 나머지는 모두 부차적인 것들입니다."

잡스는 자신의 말처럼 인생에서 여러 갈래의 길을 헤매면서도 하나의 목적을 향해 꾸준히 나아갔다. 그 결과 우리에게 삶의 롤모델이자 잊히지 않는 얼굴로 남을 수 있었다.

우리는 고정된 관습을 따를 필요가 없다. 퇴직을 하고 난 뒤 남들처럼 자원봉사나 하며 사회에 보탬이 되는 것도 매우 의미 있는 일지만, 더 구체적으로 고민해볼 필요가 있다. 혹시 당신 안에 여전히 살아 숨 쉬는 예술에 대한 열정이 숨겨져 있지는 않은가? 그렇다면 주저하지 말고 시도해보라. 무언가 열정을 가지고 마음을 다해 배우는 분야가 있다면 젊었을 때보다 더 밝고 희망찬 '두 번째 인생'이 펼쳐질 것이다.

사랑하는 사람이 꿈을 이룰 수 있게 돕는 것은
결국은 나 자신을 위해서이다.
두 사람이 함께
미래를 향해 발전적으로 나아갈 수 있기 때문이다.

혼자서도
행복한 삶을 위한
재테크

1부 　돈, 얼마나 있어야 충분할까

재테크는 돈 관리를 위한 수단

혼자가 된다는 것은 삶을 스스로 책임져야 한다는 의미이기도 하다. 결정적인 순간에 자신의 일처럼 발벗고 나서서 도와줄 사람이 없어질지도 모른다는 뜻이다. 그런데 혼자일 때 겪게 되는 가장 큰 문제 중 하나가 돈이다. 따라서 '혼자인 삶을 대비해 어떻게 재테크를 해둘 것인가' 생각해보고 미리 계획을 세워야 한다. 지금부터 재테크가 어떤 의미인지, 재테크의 기본 원칙과 원리, 연령대별 재테크 전략을 알아보자.

사람들은 내가 영업 일을 했기 때문에 재테크를 잘할 것이라고 생각한다. 아마도 영업자는 대개 눈치가 빠르고 많은 사람을 만나다 보니 좋은 재테크 정보를 접할 기회가 많을 거라고 믿기 때문일 것이다. 하지만 영업을 했다고 모두 재테크를 잘하지는 않는다. 영업에 관해 모르는 사람이 오히려 더 재산 관리를 잘하기도 한다. 그러니 이런 생각은 절반만 맞다고 할 수 있다.

나의 지인 중 베스트셀러 작가이자 TV 프로그램의 진행자로 유명한 사람이 있다. 그녀는 나뿐만 아니라 주변의 모든 이가 인정하는 재테크의 고수다. 물론 영업 일에 종사해본 적도 없을 뿐더러 대학에서는 법학을, 대학원에서는 중문학을 전공한 사람이다. 그녀는 사회생활을 할 만큼 하고 다시 학교로 돌아가 MBA 과정을 밟긴 했지만, 그전에 이미 상당한 자산을 모았다.

내 주변에는 무일푼으로 시작했지만 성실히 일해서 단란한 가정을 꾸리고 몇 년 뒤 상당한 재산을 모은 사람들도 많이 있다. 반면에 언뜻 보기에는 돈과 지위, 권력을 모두 지닌 듯 보이지만 사실은 빚더미에 앉아 있는 사람들도 꽤 있다. 성공하거나 실패하는 여러 사람들을 보면서 나는 부자가 되는 재테크의 기본을 알 수 있었다.

재테크 취향은 대부분 자신의 성격과 관련이 있으며, 재테크 방법을 선택하고 조합하는 것은 전문적인 지식과 경험이 있어야만 가능하다.

투자금을 전부 날리거나 빚더미에 앉은 사람 중에는 재테크 방식을 선택할 때 전문가의 도움이나 공부를 하지 않고 혼자 판단해서 결정하는 경우가 많다. 그런데 문제는 자신에게 맞지 않는 방식을 선택해 실패하게 된다는 것이다.

자신에게 맞는 재테크 방식을 빨리 알고 시작할수록 이후의 삶이 경제적으로 풍족해진다. 언론에서는 "10년간 먹지도, 마시지도 않고 번 돈을 전부 저축해도 집 한 채 장만하기 힘들다"는 식의 기사가 나오는데, 이것은 자신에게 맞는 재테크가 무엇인지 모르고, 고민조차 해보지 않은 사람에게만 해당하는 이야기다.

수입, 취향, 나이까지 고려한 재테크 계획

갓 서른을 넘겼을 무렵 방송국에 근무하던 어떤 사람의 말을 듣고 나서야 재테크의 중요성을 깨달았다. 그는 "재테크를 하지 않는 사람은 돈을 거들떠보지도 않는 것과 똑같다"고 말했다. 당시 나는 굴지의 글로벌 기업에 다니고 있었기에 연봉과 상여금을 합치면 동년배 사이에서는 돈깨나 버는 편이었다. 물론 스톡옵션도 가지고 있었다. 하지만 정작 나보다 연봉이 적은 친구들에 비해 재산을 모으는 속도가 매우 더뎠다. 그들은 주식과 부동산 등 자신에게 맞는 재테크 방법을 찾아서 재산을 불리고 있었던 것이다.

그래도 나는 딱히 불안하지 않았다. 언젠가 한 매체와의 인터뷰에서 "돈은 자신의 방식대로 모으게 마련이다"라고 말한 적이 있다. 쉽게 말해 각자에게 맞는 재테크 방식이 무엇인지 찾는 게 중요하니 서두를 필요는 없다는 의미다. 그런 생각 때문에 당시에 나는 크게 불안하지 않았던 것 같다.

그 후로 자금이 어느 정도 모이기 전까지는 '한 방'을 노리기보다는 특유의 성실성으로 착실하게 재산을 늘려가는 편을 택했다. 매달 월급을 일정 비율로 안배해 보통예금, 정기예금, 주식, 펀드에 나누어 투자했다. 이후 경제적으로 안정된 뒤에는 외화, 금, 부동산 같은 다양한 재테크 분야에 관심을 가졌다. 그 결과, 현재는 가족을 부양하기에 부족하지 않을 정도의 재산을 모을 수 있었다. 누구의 말에 휩쓸리기보다는 각자에게 맞는 재테크 방식이 따로 있다는 것을 명심하라.

'재테크의 기본 원칙'이라고 알려진 정보들은 매우 여러 가지다. 그 중에서 재테크로 성공한 사람들이 말하는 원칙은 모두 참고해볼 만하다. 나 역시 재테크로 제법 성공을 거둔 편이기에, 최근 몇 년간 30대 직장인을 대상으로 재테크 강좌를 개설해 강의하고 있다. 젊은 직장인들이 보다 빨리 인생의 계획을 세워 자신에게 맞는 재테크를 시작하도록 돕고 싶어서다.

강좌에서는 단순히 정보를 알려주는 데 그치지 않고, 재테크의 기본이 되는 원칙과 개념을 공유한다. 그 내용은 다음과 같다.

— 각자에게 맞는 재테크 방법이 따로 있다. 먼저 스스로를 확실히 파악해야 위험 요소를 객관적으로 분석할 수 있다.
— 자신의 돈은 스스로 관리한다. 자산 관리와 재테크를 다른 사람에게 맡기거나, 근거 없는 말에 휘둘려서는 안 된다.
— 분산 투자하라. '달걀을 한 바구니에 담지 말라'는 것이다. 자신을 적절히 분배해 다양한 분야에 투자하라.
— 유연한 사고를 가져라. 낡은 규칙에 얽매이거나 특정 분야의 재테크 상품에 집착해서는 안 된다. 늘 상황에 따라 유연성을 유지하는 게 좋다.

이와 같은 규칙들은 '두 번째 인생'을 계획하는 이들에게도 적용할 수 있다. 30대든 40대든 50대든 그보다 더 나이가 많든, 위의 네 가지 규칙을 응용해 현재의 자산 배분 상태를 살펴보자. 만약 위의 규칙들을 모두 지키고 있다면 올바른 재테크 방법을 실천하고 있다고 보면 된다.

나는 재테크를 하는 태도를 보면 그 사람의 인격을 알 수 있다고 생각한다. 또한, 그 태도가 그 사람의 자산을 결정한다고 믿는다. 원칙들을 잘 지키는 것은 물론, 눈앞의 이익에 양심을 팔지 말아야 끊임없이 기회를 얻고, 결국에는 더 많은 재산을 모을 수 있다.

연령이 낮을수록 고위험 고수익 투자를 선호하고, 실버족은 안전성이 높은 정기예금이나 적금 등에 투자하는 성향이 강하다고 한다. 하지만 누누이 말했듯이, 각자에게 맞는 재테크 방법은 따로 있다.

현재 독신으로 살아가고 있는 내 지인 중에는 남들이 충분하다고 말할 정도의 고정자산과 노후 자금을 모아둔 친구가 하나 있다. 자산관리사는 그 친구에게 이미 충분한 재산이 있으므로 안정적인 상품에 투자할 것을 권했다. 하지만 그는 아직 충분하지 않다고 여겼다. 인플레이션으로 가치가 하락할 것을 고려하면 부족하다는 것이다. 그래서 전문가들의 권고를 무시하고 적극적인 외환 투자를 했다. 그 결과 위안화 강세로 중국의 주식 시장 열기가 뜨거웠던 때, 단 6개월 만에 약 8억 원의 수익을 올렸다. 그 친구가 전문가의 말만 들었더라면 결코 벌 수 없었을 돈이다.

물론 그가 앞으로도 계속 거침없이 투자를 하다가 손해를 볼 수도 있고, 물가상승률이 생각보다 높지 않아 지금 가진 자산만으로도 충분하다는 전문가의 말이 맞을 수도 있다. 하지만 여기서 중요한 것은 따로 있다. 사람마다 경제 상황이 다르고 위험성과 안정성 중 무엇을 더 중시하는지도 다르다. 그러므로 아무리 전문가의 의견과 추천이 그럴 듯해 보여도 자기중심을 잡는 것이 중요하다.

함부로 가입해서는 안 되는 보험

1인 가구가 전체 인구의 4분의 1을 넘어섰고, '골드미스'니 '싱글푸어', '혼족' 등 독신으로 살아가는 사람을 가리키는 말이 이미 보편화됐다. 그럼에도 정작 보험회사들은 배우자도, 자녀도 없이 살아가는 독신들에게 정말 필요한 보험 상품이 무엇인지 잘 모르는 듯하다.

최근 몇 년간 많은 보험회사에서 원금보장형이나 만기환급형 상품 등을 앞 다투어 내놓으면서 중장년층 고객을 확보하려는 움직임을 보였다. 하지만 정말 고객을 만족시킬 만한 상품들은 찾아보기 힘들다. 언뜻 보기에 보장이 매우 잘되어 있는 듯하지만, 실질적인 재테크 기능은 터무니없이 부족한 경우가 많다. 이런 상품이 제공하는 것은 대개 심리적 안정감 정도라고 할 수 있다.

보험 상품도 각자에게 맞는 것이 있다. 앞으로 돈 걱정 없이 살고 싶다면 자신에게 필요한 것들이 최대한 결합된 상품을 택해야 한다. 은행은 금융 재테크 상품을 팔 때 고객의 위험 담보 능력을 조사한다. 현재의 고정 수입과 예금액, 과거의 재테크 상품 구매 경험 여부, 상품 구매에 따른 기대 수익을 어느 정도로 생각하는지, 손실이 발생할 경우 어느 정도까지 감당할 수 있는지 등이 조사 내용이다.

보험 상품 가입은 신중해야 한다. '매달 단돈 1만 원으로 무료 건강검진과 입원비 혜택을 모두 누릴 수 있다'는 식의 광고를 보면 쉽게 혹하는 마음이 들기도 한다. 하지만 이것은 자신들이 보장하는 혜택만을 강조한 것이므로, 광고에 현혹되어 덜컥 가입해서는 안 된다.

내 친구의 아버지도 광고만 보고 충동적으로 보험에 가입하려 한 경험이 있다. 옆에서 자녀들이 가까스로 말렸더니, 화를 참지 못하고 내게 전화를 걸어 하소연을 하셨다. "자식들에게 짐이 되기 싫어 보험에 가입하려 했더니 이제 그것도 못 하게 하는구나." 내가 도움을 드리려는 생각으로 해당 보험 상품을 알아봤더니, 상해보험 혜택만 있고 의료보험 혜택은 없었다. 정작 필요한 부분은 빼놓았으니 비용은 저렴해도 혜택이 너무 적은 상품이었다.

많은 사람이 사회생활 초기에 지인의 부탁으로 보험에 가입한 경험이 있을 것이다. 나 역시 그랬다. 지금도 많은 보험회사가 이러한 방식으로 고객을 끌어들인다. 물론 내게 필요한 것을 예측해 적절한 시기에 보험 상품을 추천해주는 경우도 있다. 이처럼 친절한 관심을 접할 때면 무척 고맙긴 하지만, 그렇다고 보험회사 직원이 제공하는 정보를 아무 의심 없이 믿지는 않는 게 좋다. 세상에 내가 필요로 하는 것을 모두 만족시키는 보험 상품이란 없다. 걱정 없는 미래를 설계하고 싶다면 세심하게 비교 평가를 해서 내게 적합한 보험 상품을 선택해야 한다.

정리가 필요한 보험 상품

젊은 시절, 나는 지인들의 추천만 믿고 여러 개의 생명보험에 가입하는 실수를 저질렀다. 당시에 나는 '같은 종류의 보험을 여러 개에 가입해두면 중복해서 여러 번 보상받을 수 있으니 좋을 것'이라는 순진하고 어리숙한 착각을 했던 것이다.

다행히 지금까지 큰 병을 치르거나 하지 않고 탈 없이 살아왔기 때문에 보험금을 신청할 일은 없었다. 그러다가 몇 년 전에 제2의 인생을 계획하기 시작하면서, 가입해놓은 보험 상품을 하나하나 꼼꼼히 살펴보게 되었다. 그 결과 과거에 가입한 상품 중에는 나에게 적합하지 않은 것이 꽤 많이 있음을 알게 됐다.

내가 20~30대에 가입한 상품들 대부분은 의료비 혜택이 적고 사망 이후에나 보상받을 수 있는 생명보험이었다. 하지만 세월이 흘러 중년에 접어든 내가 가장 신경 써야 할 것은 어머니를 편히 모시는 일이었다. 아내와 자식이 없는 나에게 사망 보험금은 아무런 쓸모가 없어진 것이다. 지금 내게 정말 필요한 것은 의료비와 노후 장기 요양과 같은 지원 혜택이다.

물론 그 당시에 가입한 상품들은 내가 불의의 사고를 당할 경우 의지할 데 없어질 부모님을 위해 가입한 것이었다. 당시에는 미래를 예측할 수 없었으니 그런 상품에 가입한 것 자체가 잘못되었다고 말할 수는 없다. 하지만 비슷한 상품을 여러 개 가입한 것은 분명 잘못된 선택이었다.

최근 보험 시장에는 의료 간호, 장기 요양같이 노후에 필요한 항목들이 추가된 새로운 형태의 보험 상품들이 많이 출시되고 있다. 치매 간호 등의 항목도 들어 있어 독신이거나 자녀들에게 부담을 주고 싶지 않은 노인에게 적합한 혜택이 많다.

이런 상품에 가입할 때는 유사한 상품이라도 자세히 살펴보면 각각 장단점이 있으므로, 각 보험회사의 상품들을 잘 비교해보고 결정해야 한다. 특히 보험이 적용되는 질병이나 상해의 명칭과 종류를 잘 확인해야 보험회사의 과장 광고에 속지 않는다.

아무리 좋은 보험 상품도 경제적으로 보조적인 역할밖에 할 수 없다. 보험에 가입하는 것은 좋지만, 전적으로 의지해서는 안 된다. 보험은 최후의 보루이자 보조 역할임을 분명히 인식하고 편안한 노년을 보내자.

재산 밑천이 되는 내 집 마련?

나이가 들수록 반드시 자기 집이 있어야 한다는 생각을 더 많이 하게 된다. 하지만 이것이 과연 시대의 흐름에 맞는 생각일까? 새롭게 인생을 계획할 때는 '꼭 필요하지 않은 것'은 버리기로 결심해야 한다. 그런데 이것을 잘 안다 해도 반드시 필요한지 여부를 떠나 사람들이 꼭 가지고 싶어하는 것이 있다. 대표적으로 집이 그렇다.

자산을 충분히 모아두지 못한 상태에서 덜컥 병이라도 났을 때, 돌봐줄 사람이 없는 것도 문제지만 집이 없는 것은 더욱 두려운 일이다. 노년에 거리를 떠도는 신세가 될까봐 두려워지는 것이다. 그래서 많은 사람이 '내 집 마련'에 그토록 목을 맨다. 하지만 집값은 평범한 직장인의 연봉으로 장만하기에는 벅찰 만큼 비싸다. 수도권 같은 경우는 특히 문제가 심각해, 평균 연봉으로 아파트 한 채를 장만하려면 한 푼도 안 쓰고 꼬박 20여 년을 모아야 한다.

한 푼도 안 쓰고 모은다는 것은 당연히 불가능하다. 그러니 기초 생활비를 빼면 30년 이상이 걸릴 수도 있다. 하지만 30년 후가 되면 집값은 더 올랐을 가능성이 크다. 그 차액만큼 겨우 모으면 또 집값은 오르고 마는 것이다. 이것도 30~40년간 꾸준히 돈을 벌 수 있을 때의 이야기이다.

평범한 직장인이 자기 집을 마련하기란 이토록 어렵다. 그래서 어쩔 수 없이 세를 들어 사는 경우가 많은데, 요즘은 집주인들이 전세보다는 월세를 선호하는 추세라 살림에 큰 부담이 될 수밖에 없다. 더군다나 집주인들은 중년이 넘어 혼자 사는 사람에게 세 주기를 꺼린다고 한다.

"집주인들이 가장 꺼리는 세입자는 독거노인", "월세 구하기 힘든 중년 독신들" 같은 헤드라인의 기사들을 뉴스에서 종종 보게 된다. 전문가에게 이러한 현상에 대해 물었더니 그들은 이렇게 대답했다.

일반적으로 30대에 가정을 이루고 40대에는 자기 집을 마련한다. 그런데 나이도 적지 않은 사람이 월세를 구하러 다니니 집주인의 입장에서 수입에 의문이 생기는 것이다. 또한, 독거노인의 경우 자녀와 연락이 되지 않는 경우가 꽤 있어, 사망이라도 하면 번거로워질 것을 미리 예상해 꺼리기도 한다는 것이다.

이처럼 자기 집을 갖지 못하면 주변 사람들의 시선도 차가워진다. 하지만 마냥 걱정할 것도 없다. 조금만 시각을 달리하면 월세가 가진 전혀 다른 장점들이 보일 것이다.

내 집 마련은 투자이고 월세는 소비인가

집을 가지면 모든 고민이 사라질까? 그리고 집을 갖는 것은 정말 합리적인 선택일까? 만약 30세부터 열심히 모으고 아껴서 45세에 집을 장만했다고 치자. 그럼 다 끝난 걸까? 물론 아니다. 이때부터는 온갖 세금과 유지비, 재산세 등이 끊임없이 들어간다. 또한 자녀가 있다면 자신이 사망할 경우 상속을 어떻게 할 것인지도 고민해야 한다.

45세면 아직 한창때가 아니냐고? 삶이란 언제 어떤 일을 겪게 될지 누구도 모르는 것 아닌가. 상속 문제 역시 미리 대비해두지 않으면 내가 갑자기 사망할 경우 세상에서 가장 추잡하다는 가족 간의 재산 싸움이 일어날 수도 있다.

어찌 됐든 집이란 매매를 하건 월세를 내건 많은 돈이 든다. 물론 집을 산 경우라면 집값이 오를 경우 차액이 발생하므로 투자가 될 수 있다. 반면, 월세는 내는 족족 내 돈이 줄어드는 지출이다. 이렇게 보면 당연히 무리를 해서라도 집을 장만하는 것이 좋겠다는 생각이 들 것이다. 하지만 평생 집 없이 살면서 더 나은 삶의 질을 누릴 수 있다면 어떻게 하겠는가? '그럴 수만 있다면 굳이 집을 장만하려고 목맬 필요 없지!'라고 생각했다면, 그 방법을 알아보자.

내게는 벤이라는 친구가 있다. 그는 최근 중대한 결심을 했다. 바로 자신의 재테크 방식을 완전히 바꾸기로 마음먹은 것이다. 그는 대학을 졸업하고 군대에서 제대한 뒤 줄곧 패션계에 종사했다. 판매에서부터 시작해 지점장까지 오른 그는 저축, 주식, 펀드 투자 등으로 돈을 모아 40세가 되던 해에 수도권에 집 한 채를 마련했다. 그리고 몇 년이 지나 회사가 이전하자 투자 목적으로, 타이난臺南에 타운 하우스를 구입했다. 그리고 최근 다시 타이베이臺北로 이사하면서 그 집들을 모두 팔아 상당한 이득을 봤다. 지금은 그 돈으로 안전한 재테크에만 투자를 하고 있다.

"이전에는 열심히 돈을 모아서 집을 마련하는 것이 가장 중요한 줄 알았어. 그런데 곰곰이 생각해보니 꼭 그럴 필요가 없더라고. 내가 늙어서 죽으면 그 집을 누구에게 주겠어? 많은 대출금을 끌어안고 집을 사서 다달이 돈을 갚느니 차라리 좋은 집에서 월세로 살면서 나를 위해 돈을 더 쓰는 게 좋지."

올해 50세가 된 그는 이미 은퇴를 한 뒤 집을 팔고 신베이新北市로 이사 가 월세로 살고 있다. 그는 그간 모아둔 돈으로 크지는 않아도 안정적인 수익을 내는 재테크를 하며 돈을 벌며 여유롭고 편안하게 산다. 주로 아침에는 주식시장 동향을 살피고 오후에는 피트니스 센터에서 운동을 한다. 해외여행도 종종 하고, 강사로 초빙돼 재테크 관련 강의도 하면서 자유로운 삶을 만끽하고 있다.

이 친구의 사례에서 얻을 수 있는 교훈은 무엇일까? 역시 집에 투자하는 것이 최고의 재테크라는 것일까? 아니다. 이 친구는 힘들게 마련한 집을 과감히 팔고 월세를 구해 살고 있다. '집'이라는 부동산에 묶여 있을 돈으로 자유로운 나머지 인생을 살고 있는 것이다.

즉, "가장 괴로운 순간은 쓸 돈이 없을 때고, 가장 안타까운 순간은 돈을 다 쓰지 못하고 죽을 때다"라는 말은 돈이 없어도 문제, 있는 돈을 마음껏 쓰지 못해도 문제라는 뜻이다. 친구는 자기 소유의 집을 갖는 것을 포기한 대가로 이런 문제들을 해결하고 여유로운 삶을 살게 됐다. 이와 같은 삶을 살고 싶다면 신중하고 치밀한 재테크 계획을 세우는 동시에, 집이라는 사물에 대한 집착도 과감히 버릴 줄 아는 용기와 결심이 필요하다.

새로운 흐름이 된 주택연금

꼭 벤이라는 친구의 사례처럼 힘들게 마련한 집을 팔지 않더라도 주택연금을 이용해 노후 자금을 마련할 수 있다.

주택연금은 집을 살 때 대출을 받는 '주택담보대출'의 반대라고 이해하면 쉽다. 자기 소유의 집을 금융기관에 맡기고 매달 일정한 돈을 연금처럼 받는 것이다. 담보로 맡길 수 있는 집은 시가 9억 원 이하여야 하고, 만 60세 이상의 주택 소유자만 가입할 수 있다. 받을 수 있는 총액은 주택연금 가입 당시의 집값 한도액 이내인데, 사망하면 집을 처분해

그간 연금 형태로 받은 대출액을 상환하는 것이다.

대출 원리금이 집값을 넘어설 수도 있는데, 이 경우는 한국주택금융공사가 차액을 책임지므로 걱정할 필요가 없다. 반면 원리금을 상환하고 차액이 남을 경우 유족에게 상속된다. 또한 사망할 때까지 자기 집에서 거주할 수 있다는 것도 큰 장점이다.

주택연금을 잘 활용하면 가족이나 친지에게 손을 벌리지 않고도 노후의 생활비를 마련할 수 있고, 평생 집 걱정 없이 살 수 있다. 그러니 집 살 돈으로 다른 안정적인 재테크에 투자하고 월세로 살아갈 것인지, 아니면 집을 장만한 후 주택연금으로 노후를 대비할 것인지 자신의 성향에 맞게 선택하면 된다.

대안으로 떠오르는 공공 실버 주택

앞서 설명한 방법에는 공통점이 있다. 일단 자신의 집이 있거나 아니면 집을 살 정도의 돈을 가지고 있어야 한다는 점이다. 이 두 가지에 포함되지 못한 사람이라면 어떻게 해야 할까? 지금부터 방법을 찾아보자.

집을 구입하건 월세로 살건, 전 세계적으로 대도시 지역은 부동산 가격이 지나치게 높다. 교외는 상대적으로 저렴한 대신 상권이 제대로 형성되지 않았거나 병원 같은 인프라가 갖춰지지 않아 노인에게는 불편할 수 있다. 각 나라 정부는 이러한 문제를 해결하고 주택 가격의 지나친 상승을 막으려고 노력한다. 하지만 편리성이 높은 대도시의 집값은 여전히 그림의 떡인 경우가 많다.

주택 가격이 고공행진을 하는 배경은 간단하다. 공급보다 수요가 많기 때문이다. 그 이유는 여러 가지지만 크게 세 가지로 압축해 살펴볼 수 있다.

우선 '내 집이 있다'는 안도감을 갖고자 집을 마련하려는 사람이 너무 많다는 것이다. 둘째, 국토의 넓이에 비해 인구가 많아 주택 공급에 한계가 있는 나라의 경우다. 셋째, 독점 현상에 따른 가격 인상 때문이다. 즉 '투자'를 목적으로 한 사람이 두세 채에서 많게는 수백 채까지 집을 가지는 경우가 있어 주택이 적절히 분배되기 어렵다는 것이 원인이다.

사실 집이란 것은 태어날 때 가져올 수도 없고 죽어서 가지고 갈 수도 없다. 사람들이 이 점을 잘 이해하고 반드시 집을 마련해야 한다는 집착을 버린다면, 수요와 공급의 균형이 잡히고 점차 주택 가격도 안정될 것이다. 그렇게 되면 자연스레 월세도 덩달아 낮아지게 돼 있다.

유럽은 10여 년 전부터 빈집 수가 매우 빠르게 증가하고 있다. 2014년 2월 《가디언》지에는 '유럽에 빈집이 1100만 채에 이른다'는 내용의 기사가 실렸다. 이에 따르면 유럽 전체의 노숙자 수는 약 410만 명인데 이들에게 집을 2~3채씩 나누어줄 수도 있을 정도로 빈집이 넘쳐난다는 것이다. 이 집들은 대부분 투기 목적이나 휴가 때 별장으로 이용하기 위해 구입한 비주거용 주택이었다. 유럽 국가들 중에서도 빈집이 340만 채로 가장 많은 스페인에서는 압류한 빈집들을 다시 시장에서 거래되도록 하거나, 공공 주택으로 사용할 수 있게끔 하라고 의회에서 강력히 요구했다.

한국의 경우에도 2016년 빈집 수가 이미 100만 채를 넘어섰다. 전문가들은 전체 6000만 채 중 820만 채가 빈집인 일본처럼 되어가는 것 아니냐며 우려를 나타내고 있다. 일본 정부도 스페인 정부와 마찬가지로 남아도는 빈집을 싸게 임대함으로써 주택 공급 문제를 해결하려는 움직임을 보이고 있다.

유럽에서는 이러한 문제를 해결하고자 공공 실버 주택을 도입했는데, 아시아 지역에서도 한국과 대만 등에서 주목을 받고 있다. 공공 실버 주택이란 65세 이상 저소득 노인층을 위한 공공 임대주택으로, 노인층에게 꼭 필요한 물리치료실 등 공용 시설을 갖추고 있으며, 사회복지사와 간호사가 상주한다. 인구 고령화와 주택난 속에서 공공 실버 주택은 앞으로 대안이 될 것으로 보인다.

모두 만족하는 새로운 주거 형태

땅은 그대로인데 인구는 점점 늘고, 특히 노인 인구가 급증하고 있어 주택 문제는 갈수록 심각해지고 있다. 이에 따라 앞으로는 개인 공간과 공용 공간이 합쳐진 공동생활 형식의 주거가 발달할 것으로 예상된다. 이는 앞에서 설명한 공공 실버 주택을 확대한 개념으로, 연령대와 상관없이 함께 모여 사는 공간 역시 대세로 떠오를 것 같다.

예전에 BCC 라디오 방송의 〈세상 속 이야기들〉이라는 프로그램에서 '1인 가구, 혼자 살기'란 주제의 코너를 제작한 적이 있다. 그때 1인 가구에 대해 많은 자료를 조사할 기회가 있었다. 유로모니터 인터내셔널의 조사 보고에 따르면 전 세계의 1인 가구 수는 1996년에 1억 37만 명 정도였으나, 이후 지속적으로 증가해 2006년에는 공식적으로 2억 명을 돌파했다고 한다. 이러한 추세라면 2020년에는 3억 명을 넘어설 전망이다.

그중 스웨덴은 1인 가구 비율이 50%에 달해 세계에서 가장 높게 나타났는데, 특히 수도인 스톡홀름은 60%로 '전 세계 1인 가구의 수도'라는 말까지 듣고 있다. 1인 가구 비율과 관계없이 스톡홀름은 스웨덴에서 가장 활발히 친목 모임이 이루어지는 곳이다. 또한 싱글 맘이나 독거노인 등 나이와 성별 구분 없이 혼자 사는 사람들이 모여 함께 생활할 수 있도록 공공 주택을 조성해 독신들의 입주를 지원하고 있다.

공공 주택에는 다양한 시설이 구비되어 있다. 식당에는 소형 에스컬레이터가 설치되어, 자신의 방으로 음식을 올려보낼 수도 있다. 또 공동 주방과 세탁실이 있고, 세탁소에 돈을 내면 대신 세탁해주는 직원도 근무한다. 주택 안에 탁아소도 마련되어 있다. 사생활을 보장받으면서도 거주자들이 서로를 돌볼 수 있는 '1인 가구 공동 주택'은 주민들의 만족도가 상당히 높은 성공 사례로 평가되고 있다.

한국 역시 1인 가구가 폭발적으로 늘어, 2015년 기준 4가구 중 하나 꼴인 약 506만 가구까지 치솟았다. 여기에는 결혼을 포기한 일명 'N포

세대' 젊은 층도 상당수 포함되어, 1인 가구는 앞으로도 매우 빠른 속도로 증가할 것으로 보인다. 따라서 스톡홀름처럼 다양한 세대가 섞여 편의를 위한 공공시설을 사용하고 개인적인 공간도 보장받는 새로운 형태의 공공 주택이 인기를 끌 것으로 전망된다. 새로운 인생을 계획할 때 내 집을 장만하거나 월세로 사는 방법 외에 공공 주택을 이용하는 것도 탁월한 선택이라고 본다.

연령별 재테크 원칙

나는 앞에서 재테크에 대한 올바른 태도를 갖게 해주는 네 가지 원칙을 설명했다. 이것은 내 경험과 함께 주변 사람들의 경험을 두루 연구해 찾아낸 원칙들이다. 이번에는 연령대별 재테크 원칙을 공유하려 한다. 내가 재테크에 본격적으로 관심을 가졌던 30대 이후부터 정리한 내용을 살펴보면 다음과 같다.

30대의 재테크

퇴직까지 아직 시간이 남아 있는 시기이므로 큰 위험이 예상되지는 않는다. 30대에는 자신의 수익과 저축 상황을 고려해 다소 대담한 투자를 해보는 것도 좋다. 보험은 일찍 가입할수록 유리한 점이 있으므로, 30대에는 보험 상품에도 관심을 가질 필요가 있다. 보험 상품은 의료보험이나 상해보험 위주로 가입하는 편이 좋다. 특별한 경우가 아닌 이상

비용이 많이 드는 예금보험이나 종신보험은 가입할 필요가 없다.

40대의 재테크

아마도 경제 능력을 어느 정도 갖추고 있을 가능성이 높고, 저축한 돈도 웬만큼 있을 것이다. 40대에는 가능한 한 소비를 줄여 보유자금을 늘리고, 부동산에도 관심을 가져야 한다. 하지만 저렴하게 나온 경우가 아니면 굳이 부동산으로 승부를 볼 필요는 없다. 보험 상품은 자신과 가족에게 필요한 보장 내용을 찾아 융통성 있게 결합한다.

50대 이후의 재테크

50대는 투자에 실패했을 때 겪을 위험에 대비해야 한다. 그래서 한 군데에 전부 쏟아붓거나 위험을 감수하기보다는 안정적인 수익을 노리고 분산투자를 하는 것이 좋다. 또한, 앞으로의 인생 계획을 기준으로 삼아 퇴직 준비를 서둘러야 한다.

물론 여기 제시한 내용이 진리는 아니다. 하지만 내가 50여 년을 혼자인 채 살아오면서 보고, 듣고, 느끼고, 겪은 내용을 토대로 적어보았다. 만약 당신이 혼자라면 또는 언젠가 혼자가 될 것을 어렴풋이나마 인정하고 있다면, 앞으로의 삶이 반짝반짝 빛날 수 있도록 돈관리를 잘하여 든든한 당신의 친구로 만들기를 기원한다.

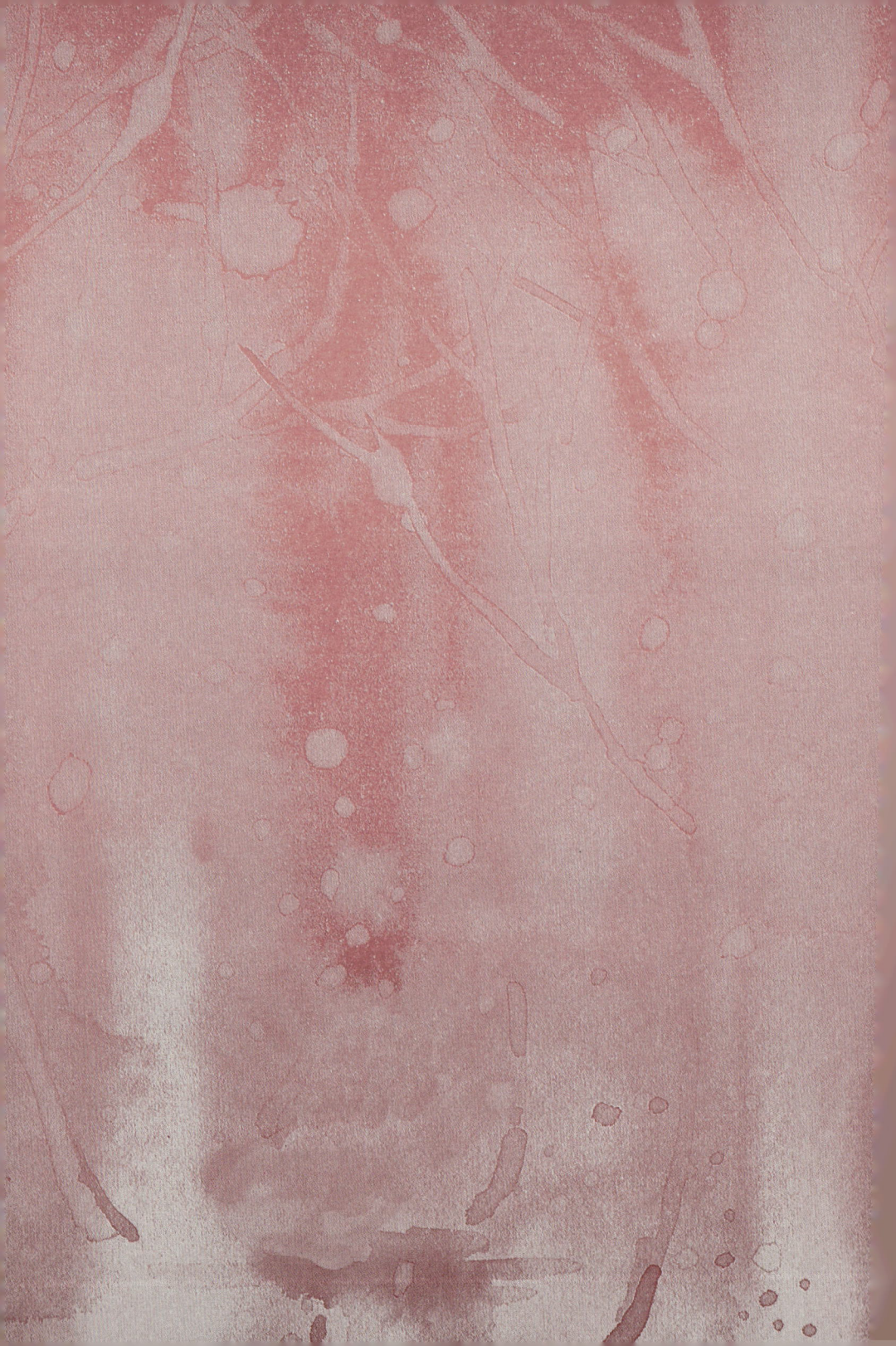

사랑, 얼마나 깊어야 안심이 될까

Part 2

우리는
영원히
함께할 수
있을까?

영원히 함께할(수 없는) 우리

많은 사람들이 사랑하는 가족을 잃은 뒤 괴로움을 털어놓거나 답을 구하기 위해 나를 찾아와 도움을 청하곤 한다. 그러곤 마음속 고통을 누르며 "다시는 사랑을 할 수 없을 것 같아요"라고 슬프게 말한다. 어떤 경우에는 심하게 괴로워하며 "내가 정말 모든 걸 바쳐 사랑했던 걸까요?"라고 반문하기도 한다.

전문가들은 예방주사를 맞아 면역력을 키우는 것처럼 깊은 사랑을 한 뒤 상처받지 않기 위해서는 먼저 '자신을 사랑하는 방법'을 터득해야 한다고 조언한다. 사실 상대방과 자기 자신 중 누구를 더 사랑하는지는 자로 잰 듯 비교할 수 없다. 중요한 것은 상대방을 얼마만큼 사랑하는지가 아니라 사랑에 대한 집착을 내려놓는 것이다.

사랑하는 이가 언제든 떠날 수 있다는 두려움에서 벗어나 '인생의 마지막 순간엔 누구나 혼자가 된다'는 사실을 인정하고 받아들여야 한다.

이런 일이 가능하려면 더 넓은 의미의 사랑을 마음에 품어야 한다.

그럼 더 이상 무언가를 잃을까봐 두려워할 필요가 없다. 오히려 더 많은 사랑을 베풀수록 마음속에는 더 큰 행복이 차오를 것이다.

사실 영원히 함께하자는 약속은 아름답지만 이룰 수 없는 소망일 뿐이다. 막 사랑이 시작될 때는 서로의 사랑을 의심할 필요가 없다. 그렇지 않다면 무엇 때문에 서로 함께하기 위해 긴 시간을 낭비하겠는가?

하지만 이룰 수 없다고 무의미한 것은 아니다. 남녀 사이뿐 아니라 어느 날 집에서 기르게 된 고양이나 강아지까지도 내가 아닌 다른 존재와 관계를 맺을 때는 '영원히 함께한다'는 것을 전제로 진지하게 관계를 발전시켜야 한다. 하지만 마음속으로는 누구나 영원할 수 없다는 사실을 처음부터 어느 정도 알고 있다. 그래서 크고 작은 근심과 두려움, 의문을 품은 채 '우리 둘에게 영원이란 얼마나 긴 시간일까?' 고민한다. 그런데 참 이상하게도 관계가 좋을 때는 이런 생각이 전혀 들지 않고 대답이 궁금하지도 않다. 이별이 찾아오려 준비할 때 살며시 이런 질문이 생겨나기 시작한다.

영원한 건 없다는 불편한 진실

남녀 사이는 오래 갈 수 없지만 반려동물과는 영원할 수 있다는 믿음을 가진 사람이 많은 것 같다.

내 친구 하나는 예전에 친척에게서 강아지 한 마리를 분양받았다. 처음 만났을 때 자신을 바라보는 강아지의 눈빛이 마치 집에 데려가주기를 기대하는 것처럼 보여 이름을 '판판'이라고 지었다고 한다(중국어 판(盼)에는 눈이 예쁘다는 뜻이 있다). 물론 그는 일반적으로 개의 수명이 12~15년 정도밖에 안 된다는 걸 알고 있었다.

강아지를 데리고 왔을 즈음, 그는 대학을 막 졸업하고 직장 생활을 시작한 시기였다. 그 후 서른다섯 살이 되기까지 세 차례의 이직과 다섯 번의 연애를 했다. 서른다섯 번째 생일 파티를 하고 집으로 돌아온 날, 그는 문득 판판이 매우 늙었다는 생각을 하게 됐다. 집 현관문을 열고 들어가자 판판은 여전히 짖고 꼬리를 흔들면서 반겨줬지만 그 소리가 예전보다 작고 몸짓도 힘이 없었던 것이다.

그로부터 몇 개월 뒤, 출장을 간 사이에 판판은 세상을 떠났다. 집주인의 연락을 받고 급히 돌아온 그는 판판을 보내주며 생애 처음으로 영원한 이별을 경험했다. 그리고 슬픔 속에 잠겨 그 무엇도 영원히 함께할 수 없다는 사실을 깨달았다. 그 뒤부터 친구는 오히려 더 많은 여자들과 짧은 만남을 이어갔다. 영원히 함께하리란 믿음이 깊을수록 이별할 때 느끼는 슬픔도 깊다는 이유 때문이었다.

처음 연애를 시작할 때는 영원히 함께할 수 있다는 생각이 든다. 하지만 차츰 다툼이 생기고 싸우는 날이 많아지면 '영원히 함께할 수 있다'는 믿음은 점차 '영원히 함께할 수 없을지도 모른다'는 생각으로 변해간다. 그래서 결국 헤어진 뒤에는 '영원은 없다'는 쓸쓸한 사실을 다시 받아들여야 한다.

'영원히 함께한다'는 생각에서 '영원히 함께할 수 없을지도 모른다'

는 생각으로 변해가고 결국에는 '영원히 함께할 수 없다'는 분명한 사실을 알아가는 것은 더 넓은 의미의 사랑을 깨닫는 과정이다. 이것을 알기까지 얼마만큼의 시간과 노력이 필요한지에 따라 삶에 대한 인식과 깨달음의 깊이가 결정된다.

아무리 깊은 사랑도 결국 이별을 맞는다

이전에 나는 사랑을 주제로 쓴 에세이에서 다음과 같은 말을 한 적 있다. "두 사람이 아무리 진지하게 사랑해도 언젠가는 이별의 순간을 맞이한다. 사랑하는 사람과 같은 해, 같은 날, 같은 시간에 태어날 수 없듯이 천재지변을 당하는 경우를 제외하곤 같은 시간에 함께 죽을 수 없기에, 언젠가는 한 사람이 먼저 떠나야만 하는 것이다."

오래도록 한 사람만을 사랑하되, '네가 없으면 난 죽을 거야'라는 극단적인 생각을 할 만큼 집착해서는 안 된다. 이별과 또 다른 만남을 겪으면서 서서히 진정으로 사랑하는 방법을 알아가야 한다. 젊었을 때 서로 싸워서 하게 된 이별이나 나이 들어 죽음을 맞아 하게 된 이별이나 슬프기는 마찬가지다. 많은 사람들은 사랑이 깊을수록 슬픈 거라고 생각하는데, 절반만 맞는 말이다. 상대방을 이해하고 축복할 만큼 깊이 사랑한다면 슬픔마저 받아들여야 한다.

정말 슬픈 건 '우리가 영원히 함께한다'는 집착을 쉽게 내려놓지 못하는 것이다. 이별이 찾아오면 받아들이지 못해 괴로워하면서 '어떻게 이토록 모질게 나를 버릴 수 있느냐'고 묻는다. 삶의 본질을 깊이 되돌아보고 '누구나 영원히 함께할 수 없으며, 사랑의 마지막은 혼자 남겨지는 것'이라는 사실을 받아들이자. 그래야 완벽하진 않더라도 상처 받지 않고 안심할 수 있다. 우리는 그렇게 '새로운 인생'을 준비해야만 비로소 자유로워지고 삶을 두려워하지 않을 수 있다.

그렇다고 해서 사랑하는 이에게 냉정하게 굴거나 거리를 두라는 뜻은 아니다. 오히려 사랑할 때는 마음을 다해 사랑해야 다시 혼자가 되었을 때도 편안하게 받아들일 수 있다. 자신이 진심을 다해 사랑한 사람이 어느 날 갑자기 떠나버렸다면, 상대를 소중히 생각하는 마음으로 미련을 버리고 '보내주는 법'을 배워야 한다. 그래야 스스로도 아무런 미련이나 후회 없이 혼자가 되어 남은 삶을 즐겁게 살아갈 수 있다.

'우리가 영원히 함께할 수 있을까?' 하는 질문은 인생에 대한 일종의 깨달음을 준다. 영원히 함께하지 못해도 나 혼자서 잘 살아갈 수 있다는 사실을 아는 것이야말로 '영원'의 진정한 의미를 깨닫는 것이기 때문이다.

온 마음으로 사랑하되 집착하지 말자

대만의 유명한 전략가이자 전자상거래 업체 PC Home의 창립자 잔훙즈^{魯宏志}와 그의 아내는 패션 위크에 참여하는 아들을 보기 위해 런던으로 향했다. 아들의 패션쇼를 감상한 부부는 유럽 여행에 나섰다. 두 사람이 오르비에토^{Orvieto}로 가기 위해 이탈리아 중부 도시인 페루자^{Perugia}

에서 기차를 기다리고 있을 때였다. 맥도날드에서 앉아 쉬고 있던 잔홍즈의 아내가 어지럼증을 느끼며 탁자에 쓰러졌다. 구급차가 급히 도착했지만 이미 아내는 세상을 떠난 뒤였다. 59세밖에 안 된 나이였다.

이처럼 초대하지 않은 손님은 어느 날 갑자기 찾아온다. 때를 가리지 않고 인생의 어느 순간, 불현듯 모습을 드러내고 사랑하는 이의 소중함을 깨닫게 하는 동시에 언제든 혼자 살아갈 수 있도록 준비해야 한다는 사실을 일깨운다.

잔홍즈는 화장한 아내의 유골을 갖고 로마를 출발해 고국으로 돌아왔다. 패션 위크에 참여하고 있던 아들은 슬픔을 참으며 현지에 남아 계속 가을/겨울 컬렉션에 마쳤다. 부모님을 위해 남겨두었던 귀빈석에는 그리움과 감사를 뜻하는 황색 카네이션이 자리를 지켰다.

배우자건 부모건 정말 사랑하는 사람을 잃고 세상에 남겨진 사람들은 의지할 곳이 없어진 현실에 새롭게 적응해야 한다. 다행스러운 점은 이런 힘겨운 과정에 있을 때 주변인들이 위로, 종교적인 힘, 내면의 학습이 도움이 된다는 사실이다. 이를 통해 혼자가 되었다는 현실을 받아들이고 '두 번째 인생'을 힘있게 살아나간다. 하지만 안타깝게도 사랑을 잃은 아픔에서 오래도록 벗어나지 못하는 경우도 있다. 심하면 우울증에 걸리거나 심지어 돌아올 수 없는 길로 들어서기도 한다.

〈강변의 첫눈江行初雪〉이라는 작품으로 시보문학상을 수상한 대만 작가 리위李渝는 타이완 국립대학에서 공부하던 당시 영시를 가르치던 궈쑹펀郭松棻 선생과 사랑에 빠졌다. 이후 부부는 미국으로 유학을 갔고, 그곳에서 결혼해 행복한 신혼 생활을 꾸려갔다. 그러던 중 두 사람은 정치적으로 민감한 문제에 휘말려 대만으로 다시 돌아올 수 없게 되었다. 그렇게 두 사람은 서로에게 의지하며 오랜 기간 미국에서 살았다. 2005년 7월, 궈쑹펀 선생이 갑자기 중풍으로 쓰러져 그만 세상을 떠나버렸다. 리웨이 여사는 그후 10년 가까운 시간을 슬픔 속에서 홀로 외롭게 지내다 뉴욕에 있는 자신의 집에서 스스로 목숨을 끊었다.

불교에서는 서로에 대한 사랑이 깊을수록 이별할 때의 괴로움 역시 큰 법이라고 말한다. '애별리고(愛別離苦 : 사랑하는 사람과 헤어지는 괴로움-편집자 주)'라고 하는데, 부처는 이것을 세상에 존재하는 여덟 가지 고통 중 하나라고 했다. 여덟 가지 고통은 생^生, 노^老, 병^病, 사^死, 미워하는 사람과 만나는 고통^{怨憎會}, 사랑하는 사람과 헤어지는 고통^{愛別離}, 얻지 못하는 고통^{求不得}, 탐욕과 집착에 의한 고통^{五盛陰}을 말한다.

그래서 불교에서는 사랑하는 사람과 이별할 때 느끼는 고통도 그것이 어디에서 오는지 그 원인을 정확히 알면 견딜 수 있다고 말한다. 오고 가는 인연의 흐름을 자연스럽게 받아들이면, 감정이 시작되고 끝나는 자연스러운 순환도 받아들일 수 있다는 것이다.

사랑에는 좁은 의미의 사랑과 넓은 의미의 사랑이 있다. 넓은 의미의 큰 사랑은 아무런 대가가 없는 모두를 향한 사랑이고, 좁은 의미의 작은 사랑은 두 사람에게만 국한된 사랑이다. 바로 이 작은 사랑에서 생겨나는 집착을 끊어야만 의지할 곳을 잃었다는 괴로움에서 벗어날 수 있다.

넓은 의미의 큰 사랑을 품고 '두 번째 인생'을 시작한다면 더 이상 무언가를 잃을까봐 두려워하지 않을 수 있다. 오히려 더 많은 사랑을 베풀수록 마음속에 더 많은 행복이 차오른다. 그리고 큰 사랑을 통해 '영원히 함께한다'와 '영원히 함께할 수 없다'는 것이 모두 망상에 불과한 쓸모없는 집착이라는 사실을 알면 삶의 진정한 의미를 깨달을 수 있다.

즉, 진정한 삶의 의미는 '언제든 잃어버릴 수 있다'는 두려움에서 벗어나 '인생의 마지막 순간엔 결국 혼자가 된다'는 사실을 용감하게 받아들일 때 비로소 드러난다.

내 삶의 주인공은 바로 나

인생은 여행과 같다. 여러 명과 함께 여행하기도 하고, 혼자 외롭게 여행하기도 한다. 그리고 아무리 긴 여행이라도 항상 마지막 도착지는 자신의 방이다.

20년 만에 파리를 여행하며 책을 하나 썼는데, 독자들로부터 마치 함께 여행하는 것 같은 감동을 느꼈다는 편지를 여러 통 받았다. 책의 마지막 장에 실린 '자신의 방으로 되돌아가다'를 읽고 감동받아 눈물을 흘렸다는 독자도 있었다.

멀리 시애틀에서 살고 있는 독자는 이메일로 나에게 "어떻게 여행자들의 마음을 그렇게 잘 표현해낼 수 있으세요?" 하고 물었다. 나는 "특별하게 계획하고 쓴 내용은 아니고, 세계 각국을 여행하면서 관광지를 구경하거나 맛있는 음식을 먹을 때보다 오히려 쉬기 위해 머무른 방에서 더 편안함과 즐거움을 느꼈기 때문"이라고 대답했다. 여행 중에 친구들과 헤어지고 방으로 돌아와 모든 짐을 내려놓으면 이상하게도 고요한 가운데 자신의 내면과 진지하게 마주할 수 있었다.

이때 가장 중요한 점은 혼란스러운 세상이 두려워서 도망치듯 원래의 자리로 돌아가서는 안 된다는 것이다. 만약 도망친다면 절대 자신과 똑바로 마주할 수 없다. 혼란스러운 세상 한가운데에 들어가 직접 겪은 뒤, 다시 원래의 자리로 돌아와 용감하게 자신의 내면과 마주해야 한다.

스스로를 아끼게 되다

20년 동안 라디오 프로그램을 진행하면서 세계 각지에 살고 있는 다양한 사람들의 사연을 들어왔다. 그중에서 가장 안타까운 것은 다른 사람의 고통까지 자신이 대신 당하며 살고 있는데 세상 사람들이 모두 외면한다고 생각하는 사연을 볼 때이다. 이들은 그런 생각에 갇혀 억울해하고 남을 원망하기 일쑤였다.

결혼 생활이 너무 불행하다고 하소연하는 중년 여성이 있었다. 그녀는 결혼을 잘못해서 지금까지의 인생을 모두 낭비해버렸다고 말했다. "그런데 왜 이혼을 하지 않으세요?" 내가 묻자 그녀가 대답했다. "애들 때문에요." 하지만 아이들은 이미 성인이 되어 경제적으로도 완전히 독립한 상태였고, 심지어 그녀에게 이혼을 권유하고 있는 상황이었다. 그럼에도 그녀가 이혼을 하지 못하는 진짜 이유는 무엇일까? 바로 몸에 밴 습관 때문이었다.

그녀는 고통스러워하면서도 안전지대에만 머무르려 하는 습관을 가지고 있었다. 그것이 육체적으로는 가시방석에 앉은 듯 괴롭지만 마음은 편했던 것이다. 또한 그녀는 이혼한 사람을 '실패한 인생'으로 여기는 사회의 관습, 나아가 여자는 남편에게 순종해야만 한다는 관습에도 얽매여 있었다. 스스로는 남편을 혐오하고 있으면서도 말이다. 게다가 다른 사람의 관심과 연민을 얻기 위해 주변 사람으로 하여금 '남편에게 문제가 있다'는 생각을 갖게 만들었다.

우리는 자신의 인생을 스스로 책임지려 하지 않고 모든 잘못을 다른 사람 탓으로만 돌려선 안 된다. 이러한 생각은 '새로운 인생'을 시작하는 데 가장 큰 걸림돌이 된다. 만약 이런 사고방식을 과감히 고쳐나가지 않는다면 자기 스스로 만든 고통에 영원히 갇혀 살아야 할지도 모른다.

나는 그 중년의 여성에게 단호하게 이혼해야 한다고 말하지 못했다. 자기 인생의 주도권을 찾아 스스로 주인공이 되라고 말했을 뿐이다. 단지 만약 계속해서 결혼 생활을 이어간다면 그것은 분명 '스스로 내린 선택'이라고 분명하게 말해주었다.

자신이 만든 고통 속에 갇히면 안 된다. 혼자 살 용기가 없어 누군가와 함께 살면서, 마음에 들지 않는 남자와 어쩔 수 없이 산다고 말하는 것은 도움이 되지 않는다. 남에게 의지하려는 자신의 습관 때문에 비참한 상황에서 벗어나지 못하는 것이 문제의 본질이다.

남에게 베푸는 사랑

직장 생활에서도 마찬가지이다. 일을 하는 동안 끊임없이 누군가를 원망하고, 자신의 능력이나 태도는 생각지도 않은 채 월급이 낮다고 불평하는 경우가 있다. 또, 먼저 마음을 여는 법이 없으면서 다른 사람들이 자신을 따돌린다고 뒤에서 욕을 하기도 한다. 이런 사례는 직장인들에게서 흔히 볼 수 있는 모습들이다.

자기 삶의 주인공이 되기로 마음먹으면 현재의 상황을 더욱 객관적으로 과감하게 파악해 책임감을 갖고 현명한 결정을 내릴 수 있다. 더 이상 다른 사람이나 회사를 탓하며 자신을 합리화할 필요도 없다. "이게 다 그 사람 때문이야. 나는 어쩔 수 없이 그렇게 한 것뿐이야"라는 말과 단호히 이별해야 한다. 그리고 '평생 핑계를 대며 살아서는 안 된다'라는 것을 분명히 깨닫자. 그런 다음 걱정을 내려놓고 자기 내면과 진심으로 마주하는 것이다.

다른 사람에게 무언가 베풀 때는 주변의 시선 때문이 아니라 정말 순수한 마음으로 그렇게 해야 한다. 그리고 사랑을 할 때도 아무런 두려움 없이 사랑을 주고, 내게도 똑같이 달라고 구걸하지 말아야 한다. 또, 내가 통제하는 것이 아니라 서로가 즐길 수 있는 관계를 맺자. 그래야 자신이 만든 고통에서 벗어나 행복을 향해 나아갈 수 있다.

내려놓아야
내일이 온다

2부 | 사랑, 얼마나 깊어야 안심이 될까

과거에 얽매이지 않는 연습

새롭게 인생을 시작하려 한다면 지난날의 원망은 내려놓아야 한다. 가슴 아픈 사랑, 상처로 가득한 마음, 결코 떠올리고 싶지 않은 기억들, 이 모든 것과 이별하자. 단순히 잊겠다는 결심만이 아니라 정말 완전히 깨끗하게 정리해야 한다. 누가 먼저 잘못을 했건 이미 지나가 버린 일에 책임을 물을 순 없다. 그러니 마음속 응어리로 남지 않도록 하는 것이 현명하다.

때로는 유년기의 불행을 부여잡고 두고두고 고통받는 사람이 있다. 이것은 과거의 불행을 현재까지 끌고 와 미래의 불행을 위한 초석으로 삼는 셈이다. 성장기의 불행한 경험들은 기나긴 길에 위에 놓인 돌 하나에 불과하다. 그것은 내가 나아가는 데 걸림돌이 될 수도 있고, 더 높을 곳으로 올라가는 지지대가 될 수도 있다. 걸림돌이 될지 지지대가 될지는 자신이 어떻게 생각하고 사용하느냐에 달려 있다.

과거에 얽매인다면 현재도 과거의 연장선에 그칠 뿐이고, 미래 역시

달라질 수 없다. 자신의 내면을 되돌아보며 마주치는 모든 것들에 감사하는 마음을 갖자. 그리고 모든 결과에 스스로 책임을 지고 마음의 경계심을 내려놓아야만 더 편안하게 살아갈 수 있다.

죽을 만큼 미워하지는 말기

우리는 살아가는 동안 참 많은 것들을 배운다. 하지만 유독 과거와 결별하는 법만큼은 좀처럼 배우지 못한다. 만약 과거의 삶이 만족스럽지 못했다면 우선 원망을 내려놓고 즐거움을 되찾는 방법부터 배워야 한다.

중년에 가까워지면서 친구들이 점차 두 부류로 변해가는 것을 느낀다. 한쪽은 갈수록 경쾌해지고 한쪽은 갈수록 꼬여간다.

갈수록 경쾌해지는 쪽은 대부분 돈이나 사람을 잃어버려도 크게 마음에 담아두지 않는다. 굴곡진 인생의 시련을 툭툭 털어버리며 얻어야 할 것과 버려야 할 것을 분명하게 알고 행동한다. 하지만 이와 반대로 갈수록 꼬여가는 사람은 마음속에 많은 원한을 쌓아두고, 통장에는 빚을 쌓아둔다. 무슨 대화를 하건 마음속에 쌓여 좀처럼 사라지지 않는 분노를 느낄 수 있다. 심지어 자신은 상대방과의 자존심 싸움, 불공정에 대한 저항 그리고 복수심 덕분에 살아간다고까지 생각한다. 물론 나 역시 그런 것들이 때로 삶을 지탱하는 힘이 될 수 있다는 점은 동의한다. 하지만 부정적인 영향도 무시할 수 없다.

연애에 관한 책들에서 "상대방에게 하는 가장 좋은 복수는 이별했을 때보다 더 잘 사는 것이다"라는 말을 보곤 한다. 젊은 시절에는 이 말이 옳다고 생각했다. 하지만 다양한 경험을 하며 좋은 방법이 아니라는 생각이 들었다. 복수하겠다는 증오심에 기대어 살아간다면 그에 따른 부작용이 너무 크기 때문이다.

순전히 상대방에게 복수하기 위해 더 잘 살려고 하는 것은 위험하다. 복수에 성공하거나 복수할 대상이 사라지면 마치 바람 빠진 공처럼 자신이 살아갈 동력을 잃은 채 순식간에 무기력해질 수 있기 때문이다. 게다가 복수에 성공하더라도 오히려 허무감에 빠져 정말 인생을 즐기며 살아가지 못하게 될 수 있다.

어린 시절의 그늘에서 벗어나야 할 때

내가 아는 어떤 이의 부모님은 사이가 좋지 못했다. 그녀의 어머니는 초등학교 6학년 때 남편이 외도한다는 사실을 알았고, 중학교 때는 외도하는 여성과의 사이에 아이까지 있다는 사실을 알았다. 하지만 어머니는 절대 이혼하지 않으려 했다. 아버지가 외박이라도 하면 필사적으로 막느라 애를 썼다. 아버지가 말을 듣지 않으면 죽어버리겠다는 말로 협박하기도 했다. 두 사람은 겉으로는 부부였지만 이미 이혼한 것이나 다름없었다. 한 지붕 밑에서 30년 동안 함께 살면서 한마디의 대화도 나누지 않았기 때문이다.

현재 45세가 된 그녀는 여전히 결혼할 생각이 없다. 남자를 제대로 사귀어본 적도 없다. 과거에 인터넷을 통해 모르는 남자에게 성적 모욕을 당한 뒤로는 더욱 남자를 적대시하고 멀리하게 되었다고 말한다. 하지만 그녀의 어머니는 항상 좋은 남자를 만나 빨리 결혼하라고 다그친다. 심지어 "네 결혼식 때 나란히 앉아 있기 위해서 지금껏 네 아빠를 놓아주지 않은 거야"라는 말까지 한다. 그때마다 그녀는 머릿속이 복잡해진다고 말한다.

그녀는 자신이 결혼할 수 없으리라고 확신하고 있었다. 그리고 이제 그만 어머니도 스스로를 위해 즐겁게 살아가기를 바라고 있다. 그래야 자신도 맘 편히 자기 삶을 살아갈 수 있을 것 같다는 것이다. 하지만 딸의 나이가 이미 50세가 다 되어가고 있는데도 어머니는 조금도 변할 기미가 보이지 않았다. 그러자 주변 친구들은 더 이상 부모에게 얽매이지 말고 자신의 인생을 위한 중대 결정을 해야 한다고 충고했다.

마침내 그녀는 조금씩 모아둔 돈으로 어머니가 살고 있는 집과 가까운 거리에 작은 집을 얻어 독립하겠다고 말했다. 하지만 어머니는 딸을 이해하지 못했고 심지어 이전에 아버지에게 했던 방식을 그대로 이용하며 완강히 반대했다. 어머니도 많이 연로해진 까닭인지 몇 번의 소란에도 효과가 없자 점차 딸의 생각을 받아들이기 시작했다. 분가 후 마지못해 딸의 집을 찾아간 어머니는 집을 둘러보더니 한숨을 내쉬며 말했다고 한다. "나도 너처럼 용기를 낼 수 있었다면 여태 이러고 살지는 않았을 텐데." 만약 그 말대로 그녀의 어머니가 조금만 더 용기를 냈더라면, 자신만이 아니라 딸의 인생도 지금과는 크게 달라지지 않았을까?

과거를 보내야 새로운 미래가 온다

한 사람을 미워하기 위해서 자신의 청춘을 허비하는 것처럼 어리석은 일도 없다. 평생 후회만 남길 뿐 일고의 가치가 없는 일이다.

나는 주변에서 바람피우는 배우자를 절대 놓아주려 하지 않는 경우를 많이 봐왔다. 심지어 자신이 더 이상 삶의 주인공이 아니라 제3자의 입장으로 전락해버려도 포기하지 않았다. 하지만 이것은 단지 '나를 비참하게 만든 그들'이 행복하게 살도록 내버려둘 수 없다는 복수심일 뿐이다. 이러한 복수는 결코 성공할 수 없다. 그런 방법으로 가장 오랫동안, 가장 크게 고통받는 것은 바로 자신이기 때문이다. 바로 앞에서 예로 든 그녀의 어머니처럼.

만약 이러한 에너지를 불행했던 과거를 버리고 새로운 미래를 맞이하는 데 사용한다면 어떨까? 복수에 집착하느라 힘겨운 하루하루를 살지 않아도 된다. 그 정도 용기와 의지라면 오히려 전보다 더 행복한 미래를 만들어갈 수도 있다. 원망은 모두 내려놓고 과거의 좋지 않았던 기억의 잔재들을 정리하자. 마음속 응어리는 새로운 인생을 준비하는 데 걸림돌이 될 뿐이다.

때로는 독이 되는 가족의 사랑

뒤엉킨 과거의 감정들이 '두 번째 인생'을 시작하는 데 방해가 되듯이 가족 간의 갈등도 앞으로 나아가는 데 방해가 된다. 뿐만 아니라 가족에 대한 지나친 의존은 오히려 삶에 독이 되기도 한다.

어린 시절의 좋거나 나빴던 경험들은 모두 성장하는 데 도움이 될 수도, 걸림돌이 될 수도 있다. 그러므로 가족 간에 얽히고설킨 감정의 매듭을 풀고 삶의 선물을 받아들여야 한다. 과거의 불행을 핑계로 삼거나, 반대로 과거의 행복에만 머무르려 해서는 안 된다. 불행했던 과거는 깨끗이 정리하고, 행복했던 과거는 간혹 꺼내 보는 추억으로 남길 때 진정으로 아름다운 성장이 가능하다.

지인 중 수전(가명)이라는 여성이 있다. 잘나가는 기업가의 딸로 태어난 그녀는 어렸을 때부터 부모, 특히 아버지의 사랑과 관심을 듬뿍 받으며 자랐다. 그게 너무 지나쳐 마치 공주님처럼 떠받들어졌다. 심지어 어머니는 "네가 전생에 아빠의 연인이었나보다" 하고 질투 섞인 말을 할 정도였다. 이렇듯 부모의 사랑을 듬뿍 받으며 자란 수전이지만 성인이 된 후에는 계속해서 연애에 실패했다. 나를 비롯한 지인들은 왜 그녀가 연애에 실패를 겪는지 알고 있었다.

아버지의 과도한 사랑을 받고 자란 그녀에게 '좋은 남자'의 기준은 자신의 아버지가 될 수밖에 없었다. 그런데 그녀에게 관심을 가지고 다가오는 남자들은 대부분 아버지보다 부족한 사람들이었다. 잘나가는 사업가였던 아버지와 비교해 똑똑하지 못하거나, 아버지만큼 그녀를 떠받들어주지 않은 것이다. 간혹 눈에 차는 남자도 있었지만, 그녀의 응석받이 기질 때문에 얼마쯤 만나고는 떠나버렸다. 아버지의 과도한 사랑과 보살핌이 오히려 독이 돼버린 것이다.

젊은 시절 이후 그녀는 거의 40년이 되도록 집 밖을 나가지 않았다. 그러다 보니 시간이 흐를수록 점점 외톨이가 되어갔다. 회사에도 다니지도 않았고, 모임이나 친목 활동도 하지 않았다. 그저 매일 호화로운 집 안에만 머물며 혼자서 시간을 보냈다. 그러자 그녀의 아버지는 딸의 앞날과 더불어 사업을 이어받을 사람이 없는 것이 걱정됐다. 부모가 모두 세상을 떠난 뒤 딸이 혼자서 많은 재산을 관리해야 한다는 걸 생각하면 마음이 놓이지 않는 것이다.

이처럼 혼자가 되는 일은 중년이 된 자식과 부모 모두에게 고민거리가 될 수도 있다. 서둘러 '두 번째 인생'을 시작하지 못할 경우 부모님은 혼자 남을 자식 걱정에 시름이 늘어갈 것이다.

부족함 없이 부모님에게 사랑을 받으며 자란 수전의 성장 배경은 오히려 그녀에게 독이 되었다. 그녀는 부모님의 지나친 간섭으로 스스로 성장할 기회를 가질 수 없었고, 독립심을 기르지 못했다. 물질적인 조건에서는 아무 부족함이 없었지만, 내면의 안정감을 스스로 찾지 못했다. 부모라는 울타리 안 자신의 안식처에서 떠나려 하지 않은 그녀는 결국 스스로를 가두어버리고 만 것이다.

지워버릴 수는 없어도 변화시킬 수는 있다

이와는 반대로 매우 힘겨운 어린 시절을 보낸 친구가 하나 있다. 그는 아버지의 외도로 태어난 아이였다. 초등학교 5학년 때 어머니가 세상을 떠나자 아버지의 손에 이끌려 본가로 들어간 그는 집안사람들의 괴롭힘을 받아야 했다. 큰엄마는 날마다 그를 때렸고, 심지어 이복형의 성폭행과 여동생의 멸시까지 견디며 살아야 했다.

열여섯 살에 그는 집을 뛰쳐나와 가구 공장의 견습생으로 들어갔다. 다행히 거두어준 사장님과 부인은 그를 친자식처럼 아껴주었다. 덕분에 그늘지고 어두웠던 그도 점차 이전의 모습을 회복해갔다. 하지만 마음 속 허전함은 좀처럼 메워지지 않았고 계속해서 더 많은 사랑을 원했다.

외로움을 떨쳐내기 위해 끊임없이 연애를 하던 그는 스물한 살 때 아기가 생겨 결혼을 했지만 2년 뒤에 아내가 바람을 피우는 바람에 이혼을 하게 됐다. 그 후 스물다섯의 나이에 다시 공부를 시작해 대학에 들어갔고, 서른셋에는 창업을 하고 다시 가정을 꾸렸다. 하지만 이번에도 얼마 못 가 또다시 이혼을 했다. 그리고 마흔이 되던 해에 젊고 잘생긴 남자에게 고백을 받고는 자신이 원래 동성애자였다고 생각하게 되었다. 하지만 여전히 사랑과 결혼은 쉽지 않았다. 사랑이 길고 짧은 것은 성별의 문제가 아니라 서로가 얼마만큼 확신을 갖고 서로를 소중히 대하느냐에 달렸기 때문이다. 결국 그는 연애, 동거, 다툼, 헤어짐 그리고 다시 시작하는 과정을 끊임없이 반복했다.

그 뒤 '마음의 성장'이라는 내 강연을 들은 그는 중년에 가까워서야 자신의 마음속 깊은 곳에 있는 진정한 행복을 깨달았다. 그리고 강연에서 들은 말 중 일부를 수첩에 적어 나에게 보여주었다.

"받으려고만 하지 말고 아무런 조건 없이 다른 사람에게 사랑을 베풀 수 있을 때, 비로소 진정한 행복과 마주할 수 있다."

이를 계기로 그는 다시 이성과의 사랑을 시작했다. 50세에 이르러서야 비로소 혼란스러운 과거를 세월의 흐름 속에 깊이 묻고 새롭게 인생을 시작한 것이다. 그는 아내와 함께 고향으로 향했다. 여러 해 동안 중풍으로 고생하고 계시는 아버지를 만나기 위해서였다. 아버지를 만난 그는 자식 된 도리를 하기 위해 큰엄마에게 용돈을 드렸다. 하지만 치매 증상이 있는 큰엄마는 그를 전혀 기억하지 못했다. 친엄마의 이름만 어렴풋하게 기억해냈지만 여전히 미워하고 있었다. 또 과거 그를 성폭행했던 이복형은 몇 년 전 저지른 사건으로 감옥에 들어가 있는 상태였고, 그를 멸시하던 이복동생은 연애에 실패한 뒤 아픔을 이기지 못하고 자살해버렸다는 이야기를 들었다.

그는 열여섯 살 때 자신이 뛰쳐나왔던 그 대문 앞에 다시 서서 물끄러미 그 집을 바라보았다. 문틀은 이미 흰개미가 갉아먹어 쓰러져 가고 있었고, 낡고 오래된 집은 사람이 사는 곳 같지 않았다. 들어가 아버지를 끌어안고 통곡하자, 아내가 다가와 두 사람의 손을 꼭 쥐어주었다. 인생이 연극이라면 그는 무척 굴곡진 연극의 주인공이었던 셈이다.

이후에 그는 아내와 함께 살면서도 혼자였던 이전보다 훨씬 더 독립적이고 자유로운 마음자세를 가질 수 있었다. 원한을 내려놓는다고 모두 부처가 될 수는 없지만, 새로운 삶을 시작할 수는 있다. 그는 이제 마음속의 모든 증오를 떨쳐버리고 비로소 자유를 얻었다고 말한다.

나와 화해하는 길

미국의 유명한 토크쇼 진행자인 오프라 윈프리$^{Oprah\ Winfrey}$의 성장 과정은 매우 불우했다. 그녀는 몹시 가난한 어린 시절을 보냈지만 수십 년 동안 끊임없이 노력한 끝에 매년 3000억 원 이상의 수입을 올리는 자산가가 되었다.

그녀는 미국 미시시피 주에 위치한 가난한 흑인 가정에서 아버지 없이 태어났다. 미혼모였던 어머니는 그녀를 외할머니에게 맡기고 돈을 벌기 위해 시카고로 떠났다. 외갓집에서 성장하던 그녀는 여섯 살 때부터 친엄마와 함께 살았지만, 아홉 살 무렵 사촌에게 성폭행을 당했다. 그리고 열네 살의 어린 나이에 자신의 엄마처럼 미혼모가 됐다. 다만 다른 점이 있다면 그녀의 아이는 남자아이였고 얼마 살지 못하고 세상을 떠났다는 것이다. 그 후 엄마는 오프라를 친아빠에게 보내야겠다고 생각하고 테네시 주 내슈빌에서 이발사를 하고 있는 아빠에게로 보냈다.

다행스럽게도 아빠는 교육을 매우 중요시했고 항상 그녀가 책을 많이 읽도록 했다. 안정된 생활을 하자 그녀의 성적은 눈에 띄게 오르기 시작했다. 특히 경연대회와 공연에서 두각을 나타냈다. 아직 고등학생이던 열아홉 살에 오프라는 방송국에 들어가 라디오 프로그램을 맡게 되었다. 이 일을 계기로 그녀는 미국 전역에서 시청률이 가장 높은 TV 프로그램을 진행하게 됐고, 이후 어마어마한 미디어 제국을 건설한다.

오프라 윈프리는 스탠퍼드대학교 졸업식에서 젊은이를 위한 교훈을 담은 연설을 한 적이 있다. 주요 내용은 이렇다.

첫째, 진지하게 자신의 감정과 마주하라.

"느낌은 인생의 나침반과 같습니다. 감정은 여러분에게 해야 할 일과 하지 말아야 할 일을 알려줍니다. 감정을 따르는 비결은 자아를 분명히 알고 마음을 향해 질문을 던지는 것입니다. 저는 지금까지 올바른 결정은 모두 느낌을 통해 선택해왔습니다. 어떻게 해야 할지 결정할 수 없을 때는 아주 평온한 상태에서 내면의 목소리에 귀를 기울이십시오. 자신의 삶을 변화시킬 수 있을 뿐만 아니라 직장에서도 더 큰 경쟁력을 얻을 겁니다. 성공하기 위해서는 논리, 객관적인 법칙과 규칙 그리고 단순한 생각보다 공감, 희열, 내재적 동기가 더 중요합니다."

둘째, 실패를 통해 배워라.

"나 역시 실패할 때마다 스스로에게 물었습니다. '이 실패가 내게 가르쳐주려고 하는 것은 무엇일까?' 이 질문을 스스로에게 계속해서 던졌습니다. 잠시 눈물이 나더라도 그걸 깨닫게 되면 인생 수업을 들은 것으로 삼을 수 있습니다. 생각해보면 과거는 현재나 미래에 영향력을 미칠 수 없습니다. 훌훌 털고 일어나 앞으로 나아가는 것이 더 중요합니다."

셋째, 베풀어야 진정으로 행복해진다.

"자신만을 위해서 살지 마십시오. 정말 행복해지려면 주변 사람들과 함께 살면서 자기 자신보다 더 큰 가치를 위해 헌신해야 합니다. 앞으로 나아가려면 반드시 누군가에 봉사해야 합니다. 봉사는 인생에서 가장 귀중한 교훈입니다."

또 봉사에 관해서는 이렇게 강조한다. "자신이 상처받았더라도 다른 누군가가 스스로 상처를 어루만질 수 있도록 도와주어야 합니다. 고통스럽더라도 다른 사람의 고통을 덜어주어야 합니다. 그리고 곤경에 처해 있더라도 다른 사람이 곤경에서 벗어나도록 돕고 스스로도 벗어나야 합니다. 어떠한 분야를 선택하건 봉사한다는 마음으로 일한다면 삶이 더욱 가치 있고 행복해질 것입니다."

앞에서 말했듯 성장기에 겪은 불행한 경험들은 인생이라는 멀고 먼 길 위에 놓인 돌멩이 하나에 불과하다. 걸어가는 데 걸림돌이 될 수도 있고, 더 높은 곳으로 올라가는 지지대가 될 수도 있다. 그 경험이 걸림돌이 될지 지지대가 될지는 오프라 윈프리처럼 자신이 이렇게 생각하고 운용하느냐에 달려 있다.

모든 것에 감사하며 결과를 책임져라

다른 사람에게 갖는 불만은 사실 자기 내면의 부족한 점을 반영한 것이기 쉽다. 또 남들이 무시한다고 느끼는 이유는 스스로 자신을 인정하지 않기 때문이다.

원망과 질투는 인생의 짐만 더 무겁게 할 뿐이다. 자신의 내면을 되돌아보며 마주치는 모든 것에 감사하는 마음을 갖자. 모든 결과에 스스로 책임을 지고 마음의 경계심을 내려놓아야 한다. 그래야 인생의 새로운 면을 발견하고 더욱 편안한 마음으로 살아갈 수 있다.

자신의 운명을 바꾸기 위해 오프라 윈프리가 거쳐온 삶의 과정은 마치 지옥을 딛고 천국을 향해 나아간 것과 같다. 전형적으로 아메리칸 드림을 이룬 사례이기도 하다. 그녀는 "매우 보잘것없고 가난하더라도 꿈이 없어서는 안 되며, 하루라도 꿈을 가질 수 있다면 자신의 현실을 바꿀 수 있다"고 자신 있게 말한다. 미국에서 매우 큰 영향력을 끼칠 만큼 성공한 그녀는 지금도 독신 생활을 즐기고 있다.

좋건 나쁘건 현재의 모든 일과 사람들은 그저 스쳐 지나가는 삶의 과정일 뿐이다. 그러니 미움도, 내면의 두려움도 모두 내려놓도록 하자. 그러면 아름다운 미래를 만들어갈 용기가 생겨날 것이다.

부모님께
사랑을
표현하는 방법

2부 사랑, 얼마나 깊어야 안심이 될까

부모에게 자녀는 언제나 아이

연로한 부모님과 중년이 된 자식 사이에는 세월의 먼지가 쌓인 거울이 존재한다. 용기 내어 거울을 닦고 바라본다면 서로 닮았다는 사실을 비춰볼 수 있다. 그렇게 중년이 된 뒤에야 어렸을 때는 너무 싫다고 생각했던 부모님의 모습이 자신에게도 있다는 사실을 깨닫는다.

세월이 아무리 많이 흘러도 부모님에게 자식은 언제나 다 자라지 못한 아이일 뿐이다. 이것은 한편으론 행복하지만 또 한편으론 바꾸려고 발버둥 쳐도 바뀌지 않는 현실이기도 하다. 나는 부모님과 마찰이 생길 때마다 사춘기 시절에 겪었던 갈등은 시간이 지난다고 사라지는 게 아니란 걸 깨닫는다.

많은 이들이 중년이 되어서도 부모님이 사사건건 자신을 통제하려 한다고 불평한다. "비가 오니 잊지 말고 우산 챙겨라!", "날씨가 추우니 외투 꼭 챙겨 입어라!" 같은 사소한 일부터 "늙어서까지 의지할 데 없이 혼자 살 거야? 시간 질질 끌지 말고 빨리 결혼해!" 하는 요구까지 잔

소리가 끊이지 않는다. 심지어 결혼한 뒤에는 "빨리 애를 낳아야지, 나는 언제 손자를 안아보니. 내가 조금이라도 체력이 있을 때 아이를 낳아야 돌봐줄 수 있지" 하는 소리를 들어야 한다.

한 발 더 나아가 결혼 생활이 불행해 이혼을 하겠다고 하면 "왜 참지 않고 이혼을 하려고 그래? 우리를 좀 봐라. 지금까지 살면서 매일 싸웠지만 여전히 함께 살잖아. 이혼하면 너 혼자 살아야 하는데 앞으로 어떻게 하려고 그래?" 하며 포기할 때까지 설득하려 들기도 한다. 특히 중년까지 미혼으로 지내는 이들을 보면 아이 때처럼 부모님의 모든 관심을 한몸에 받아야 한다. 물론 이것이 걱정되고 사랑하는 마음이라고 생각할 수도 있겠지만, 대부분은 숨 막히는 스트레스로 다가오는 게 사실이다.

감정의 저항을 버리면 현실이 보인다

곧 40세가 되는 내 독신 친구의 부모님은 자식의 결혼에 대한 기대를 접지 않으셨다. 게다가 지금도 밤 11시 이전에는 반드시 집에 들어오라며 통금 시간을 정하고 감시하신다. 가끔씩 친구들과 함께 만나는 자리에서 그녀는 최대한 휴대전화 음량을 낮추고 부모님의 전화를 받는다. 하지만 항상 전화기 너머로 어머니의 고함이 쩌렁쩌렁 들려온다. "너 지금 어디야?", "대체 몇 시에 집에 올 거야?", "안전한 곳에 있는 거지?", "누구랑 같이 있어? 데려다줄 친구는 있는 거야?"

나 역시 어머니와 함께 살면서 비슷한 일들을 겪었기 때문에 잔소리에 매우 익숙한 편이다. 어렸을 때는 모든 일에 간섭하는 부모님의 관심이 사랑의 표현으로 당연하게 여겨졌다. 반항하고 거부하던 청소년기에도 부모님의 관심이 사랑의 표현이라는 걸 알고 있었다. 하지만 어머니가 중풍으로 쓰러지셨을 때 나는 이미 서른이 넘은 나이였다. 그리고 이후 10여 년이 흘렀지만 서로를 대하는 방식은 전혀 바뀌지 않았다. 지나친 관심은 점차 서로를 구속하는 족쇄가 되어 저항할 수도, 벗어날 수도 없는 지경이 되어 관계는 갈수록 악화되었다.

예전에 나는 갖은 방법을 동원해 부모님과의 사이를 개선하려고 노력했다. 예를 들어, 어머니가 최대한 안심할 수 있도록 일이 바쁘거나 출장을 가야 할 경우엔 상황을 자세히 설명했다. 하지만 가끔씩 '이렇게 하다가 의존심만 더 심해지는 게 아닐까? 나쁜 습관만 더 키우지 않을까?' 하는 어리석은 생각이 들었다. 나는 방법을 바꿔 집을 나서기 전에 "오늘 바쁘니까 연락할 수 없어요. 알아서 저녁 식사 꼭 챙겨 드세요"라고 말하곤 했다.

하지만 이런 방법도 별다른 효과가 없었다. 결국 견디지 못한 나는 가장 효과가 있을 거라 생각되는 새로운 방법을 시도했다. 바로 적절한 기회를 이용해 자연스럽게 힘든 점을 털어놓는 것이었다. 그러자 어머니도 내 입장을 이해하는 것 같았지만, 어느 정도 시간이 지나니 다시 예전의 모습으로 돌아갔다.

여러 방법으로 아무리 노력해도 상황을 변화시키지 못하자 결국 내가 포기해야 했다. 그렇게 나는 인생의 흐름에 순종하는 법을 배운 것 같다. '이번 생애에 우리가 모자 사이로 태어난 건 분명 신의 뜻이니 받아들여야 한다'고 스스로를 타이르곤 한다.

어머니의 '지나친' 관심을 순순히 받아들이기로 마음먹자 이상하게도 모든 관심들이 '당연하게' 느껴졌다. 내가 순응하며 그 속에서 감사함을 느낄 수 있었던 것은 상대방의 행동을 바꿀 수 없다면, 스스로 바뀌어야 한다는 사실을 깨달았기 때문이다. 그렇게 내가 먼저 변화하려고 노력하자 어머니와의 관계도 좋아지기 시작했다. 물론 오랜 시간 동안 적응해가며 여러 가지 우여곡절을 겪은 뒤의 일이다.

한번은 고속열차를 타고 강연장에 가다가 기계 결함으로 열차가 멈춰 서는 일이 있었다. 그날은 돌아온 후 어머니와 병원에 가야 하는 날이었다. 결국 한 시간이나 늦게 겨우 집에 도착했고 어머니는 허둥지둥 진료를 받으러 가야 했다. 또 한번은 출장을 갔다가 태풍에 발이 묶이는 바람에 당일날 집으로 돌아가 어머니를 돌봐드릴 수가 없었다. 어머니는 중풍에 걸려 몸을 움직이는 것이 자유롭지 못하다. 가뜩이나 근심이 많은 어머니가 걱정할 것을 생각하니 애가 타면서 무척 죄송했다. 이런 경험들을 통해 나는 10년 넘게 중풍으로 거동이 편치 못한 팔순의 어머니가 느낄 불안감을 서서히 이해하게 되었고, 걱정하시는 어머니의 모습이 안쓰럽게 보이기 시작했다.

불안감을 감추기 위한 통제

사실 어머니가 내 행동을 사사건건 통제하려는 것은 그동안 불안한 삶을 살아오셨기 때문이었다. 어머니는 제2차 세계대전을 겪으며 어린 시절 공습의 공포 속에서 집도 없이 이리저리 떠돌며 성장했다. 그렇게 가난과 싸우며 힘겹게 성장한 어머니는 결혼을 해 가정을 이뤘지만, 여전히 가족의 생계를 위해 고생해야 했다. 이런 어머니의 삶과 이전 세대의 고통을 이해하게 되면서 나는 서서히 어머니의 숨 막히는 관심에 대한 반항심을 내려놓게 되었다.

연로하신 부모님이 중년이 된 자식들 앞에서 강경한 모습을 보이는 것은 갈수록 쓸모없어지는 것 같고 약해지는 마음을 들키지 않기 위해서다. 그러니 자식들이 지혜와 포용력으로 이러한 사실을 받아들이고 부모님의 마음을 헤아린다면 훨씬 부드러운 태도로 서로를 대할 수 있다. 이처럼 자식들이 부모님과의 관계를 회복하려고 노력하며, 지난날을 편안히 마주할 수 있다면 지금 이 순간, 그리고 갈수록 더욱 짧아지는 미래를 소중하게 보낼 수 있다.

부모도 완벽할 수 없다

연로한 부모님과 중년이 된 자식 사이의 갈등은 서로 사랑함에도 멀어지게 만드는 원인이 된다. 서로를 따뜻하게 안아주고 싶지만 상처받는 게 두려워 주저하는 것이다.

유능한 검사인 친구 하나는 항상 약자의 입장에 서는 정의로운 사람으로 주위에 알려져 있다. 그는 바쁜 탓에 가끔씩 주말을 이용해 부모님을 찾아뵙곤 하는데 그때마다 자신의 심정을 페이스북에 올린다. 그 글에는 부모님을 기쁘게 해드리기 위해 최선을 다하지 못한다는 자책과 이것이 모든 자식들의 공통된 심경이라는 내용이 적혀 있다. 하지만 미리 경험해본 당사자로서 생각을 말하자면, 바쁘다는 것은 핑계에 불과하다. 성공을 위해 자신에게 투자하는 노력의 100분의 1이라도 부모님을 위해 쏟는다면, 지금보다 100배는 더 행복하게 해드릴 수 있다는 사실을 자식들은 모두 알고 있다. 다만 자꾸 뒤로 미루면서 실천하지 않을 뿐이다.

어머니가 중풍에 쓰러지신 뒤 아버지가 연달아 세상을 떠나지 않았다면, 나 역시 지금도 나 자신을 위해서만 살고 있을 것이다. 돈을 벌고 성공하는 것이 부모님께 효도하는 일이라고 착각하면서 말이다. 사실 부모님은 자식이 돈을 적게 벌고, 성공하지 못한다 해도 실망하거나 미워하지 않는다. 그저 자식의 앞날이 더 좋아지기를 바랄 뿐이다. 그리고 생활이 편안해진 뒤에 더 많은 시간을 함께 보낼 수 있다면 그것으로 충분하다고 생각한다.

어머니의 건강이 나빠지고 아버지가 돌아가신 뒤에야 이것을 깨달았다는 사실이 부끄럽지만, 한편으론 다행이라고 생각한다. 최근 10여 년간 나는 돈과 성공에 대한 욕심을 최대한 줄였다. 그리고 작가, 강연자, 컨설턴트, 돈벌레가 아닌 '아들'의 역할에 더 충실하기 위해 노력했다. 이로써 내면의 균형을 되찾고 가정과 일이 조화를 이루기를, 그래서 이별하는 순간까지 서로를 소중히 생각하며 너무 많은 후회를 남기지 않기를 바란다. 어머니와 나, 누가 먼저 갈지는 알 수 없으니 함께하는 시간을 더욱 소중히 아끼며 현재에 최선을 다하며 살아가고 싶다.

대대로 전해오는 인연의 흔적, 유전

이러한 깨달음을 통해 나는 마음속 깊은 곳으로 되돌아가 더욱 객관적이고 진지한 마음으로 서로를 바라보았다. 모든 일에 완벽을 추구하며 스스로에게도 엄격하기만 했던 나는 중풍에 걸린 어머니를 돌보는 과정에서 사람들에게 존재하는 공통된 특징을 발견했다. 바로 '완벽함' 속에도 '부족함'이 반드시 존재한다는 사실이다.

 어머니는 나보다 더 완벽을 추구하는 분이셨다. 젊은 시절 어머니는 가정을 돌보기 위해 자신의 몸을 너무 혹사했고 결국 몸과 마음의 균형을 잃어 건강을 해치게 되었다. 이전에 나는 그런 어머니를 보며 불필요한 희생을 하셨다고만 생각하며 안타까워했다. 하지만 중풍을 극복하기 위해 어머니가 엄청난 정신력을 발휘하시는 걸 옆에서 바라보며 그 강인함에 감탄했다.

 유전으로 물려받고 또, 일상생활을 통해 부모님에게 배우고 영향을 받은 자식들은 당연히 부모님을 실망시켜서는 안 된다는 강박증을 가지고 산다. 그래서 힘겨워 비틀거리면서도 완벽하려고 애를 쓴다. 그러던 어느 날, 자신도 부모님도 모두 완벽하지 않다는 사실을 알게 되면 서로를 이해할 수 있다.

유전은 대대로 내려오는 인연의 흔적이다. 그러니 부모님과 자신 모두에게 부족한 면이 있다는 사실을 받아들이자. 그래야 완벽한 가족애를 바라는 마음을 내려놓고 평범한 삶 속에서 소중함과 감사함을 느낄 수 있다.

철없는 어린 시절

어린 시절부터 늘 아버지와 관계가 서먹했던 친구가 있다. 결혼을 한 그는 어느 날 아침, 양치질을 하다가 자신의 기침 소리가 아버지와 똑같다는 사실을 알게 되었다. 하지만 그때는 이미 아버지가 상당히 쇠약해져 의사 전달마저 힘겨운 상태였다. 그렇게 미처 표현하지 못한 마음들은 산처럼 쌓여갔다.

얼마 후 병세가 위독해진 그의 아버지는 병원에 입원하게 되었다. 병상을 지키던 친구는 가냘픈 아버지의 손을 잡으며 "사랑해요"라고 말했다. 이 네 글자의 말은 멈추지 않는 눈처럼 아버지의 가냘픈 생명 위에 녹아내렸다. 하지만 그날 그의 아버지는 대답조차 못 하고 세상을 떠나셨다. 부모님이 살아계실 때 '사랑하는 마음'을 전하지 못한 걸 후회하는 자식들은 의외로 많다.

며칠 전에 나는 사회적으로 존경받는 기업가의 추모회에 참석했는

데, 그곳에 온 많은 사람들이 고인의 자녀가 준비한 영상을 보고 감동의 눈물을 흘렸다. 아버지가 조용히 잠든 것을 마지막으로 세상을 떠나자 자녀들은 아무런 징조도 없이 갑자기 이별을 맞고는 현실을 받아들이지 못하고 있었다. 평상시 늘 정돈된 모습의 늠름했던 장남은 초췌한 얼굴로 영정을 들고 서 있었다. 추모 영상의 화면에서 그는 담담하게 말했다. "말할 수 있을 때 아버지께 사랑한다는 말을 전하지 못한 게 가장 후회가 됩니다." 그날 그가 늘 빈틈없는 이미지마저 내려놓고 마음속 아픔을 털어놓은 이유는 세상의 모든 자녀들이 자신과 같은 후회를 하지 않길 바라서였다.

이에 비하면 나는 운이 좋은 셈이다. 어머니가 갑자기 중풍으로 쓰러지면서 서로가 얼마나 소중한지를 알게 되었기 때문이다. 하지만 어머니는 퇴원을 한 뒤에도 건강을 회복하기 위해 오랜 시간이 필요했고, 예기치 못한 불행에 나와 어머니는 몸과 마음이 지쳐갔다. 그러던 어느 날 저녁 나는 평소처럼 잠자리에 누운 어머니에게 이불을 덮어드린 뒤 잘 주무시라는 인사를 하고 방을 나서려다 멈춰 서서 나지막이 "어머니 사랑해요"라고 말했다. 그러자 몇 초 지나지 않아 "나도 사랑한다"라고 답하시는 어머니의 조그마한 목소리가 들려왔다. 그 순간 어머니와 나는 후회, 슬픔, 안타까움, 미안함과 같은 여러 가지 복잡한 마음에서 벗어나 서로 사랑한다는 사실을 깊이 깨달았다.

연로하신 부모님께 '사랑한다'는 말을 해본 적 있는가? 오늘 바로 해보도록 하자. 아마 처음에는 말하는 쪽도 긴장되고 듣는 쪽도 쑥스러워서 어색하겠지만 한 발자국 다가선다면 관계는 놀랍게도 성큼 가까워지는 것을 느낄 수 있을 것이다. 또한 그 순간 반항심만 가득했던 과거의 자신과도 화해할 수 있다.

늙고 병든 부모님을 모신다는 것

부모님과 자식들이 함께하는 모든 과정은 이번 생애에 반드시 이수해야 하는 과목이다. 일찍 받아들일수록 더 빨리 배우지만 도망친다면 언젠가는 다시 재수강을 해야 한다.

아직 철이 들지 않은 30대 초반에는 대부분 자신의 미래만 생각한다. 그렇게 자신만을 위해 살다가 어느 정도 자리를 잡고 문득 고개를 돌려보면 머리가 희끗해진 부모님이 보인다. 그때야 비로소 늙으셨다는 사실을 발견하게 되는 것이다.

만약 부모님이 모두 건강하고 거동에 문제가 없다면 아직 효도를 할 기회가 있는 셈이니 정말 다행스러운 일이다. 하지만 젊은 시절에 너무 고생을 하셨거나 노년에 찾아오는 질병으로 건강에 문제가 생겨, 더 이상 기회를 갖지 못하는 경우도 있다. 나는 젊은 직원들이 '부모님 건강검진을 해드리고 싶어서'라는 이유로 휴가 신청을 할 때면 마음이 울컥해진다. 나 역시 해마다 어머니를 모시고 병원에 가기 때문에 그 중요성을 깊이 알고 있어서다.

우리 세대 부모님들은 아파도 웬만하면 참고 병원을 찾지 않는다. 라디오를 진행하며, 나는 그것을 잘 알게 되었다. 조금만 일찍 병원을 찾았어도 쉽게 나을 병인데 대수롭지 않게 넘기다 병을 키운 사례나, 의사의 처방 없이 약을 먹다가 심각한 부작용으로 신장 투석을 하게 된 경우까지 보았다. 또 병원에서 처방받은 약의 복용 지침을 지키지 않거나 심지어 친구에게 나눠주기까지 하는 사례를 접하며 심각성을 절감한 적이 있다.

노인들은 병원에 가도 3~4분밖에 되지 않는 짧은 진찰 시간에 자신의 증상을 자세히 말하지 못해 약을 제대로 처방받지 못하거나, 눈이 침침해 약봉지에 적힌 복용법을 읽지 못하고 때로는 복잡한 설명을 이해할 수 없어 잘못 복용하는 경우도 있다. 이처럼 의도치 않게 치료 시기를 놓쳐 병을 키우다 보니 생명이 위독해지기도 한다.

내가 들은 사연 중에는 위궤양에 시달렸음에도 오랜 기간 약국에서 제산제와 소화제만 구입해 먹고 병원 가는 걸 미룬 경우가 있었다. 그러다 결국 통증에 출혈까지 생기고 나서야 뒤늦게 병원에 갔지만 이미 위암으로 진행된 상태였다. 위궤양은 대부분 헬리코박터 균 때문에 생긴다. 그래서 초기에 병원에서 치료를 받으면 완치될 확률이 높다. 하지만 계속 미루며 치료 시기를 놓치게 될 경우에는 85% 정도가 위암으로 발전해 결국 생명을 위협받게 된다.

부모님을 간병할 당시 친구들은 편찮으신 부모님을 하루 종일 보살피는 내 모습을 안타까워하곤 했다. 더욱이 아버지가 돌아가시기 전에는 매일 병원에 가서 아버지를 보살펴드린 뒤 직장에 가서 일을 하고,

저녁에는 다시 어머니를 보살펴야 했다. 몸과 마음은 너무나도 지쳐갔지만, 오히려 그 과정을 통해 참 많은 걸 얻을 수 있었다.

직접 부모님을 돌보면서 의료 지식과 건강 정보를 자세히 알 수 있었고, 효도를 하며 자식의 역할을 다한다는 안도감이 들었다. 그래서 가끔은 자식이 스스로 돌보는 법을 배우게 하기 위해 부모님이 병든 몸으로 곁에 계신 게 아닐까 하는 생각까지 들곤 한다.

자신의 스트레스부터 다스리자

'긴 병에 효자 없다'는 속담이 있다. 나도 주변에서 그런 경우를 종종 본다. 연로한 부모님과 자식들의 관계가 소원해지거나 심지어 서로 돌보지 않으려 미루거나, 때로는 부모님을 돌보는 자녀가 오히려 책임을 회피한 자녀들에게 비난을 듣기도 한다.

특히 독신 여성들의 경우, 병든 부모님을 모시기 위해 많은 시간과 돈을 쓰며 청춘을 희생해놓고도 가족들에게 인정받지 못하는 경우가 많다. 결혼한 다른 자녀보다 시간이 많고 혼자라는 이유로 부모님을 쉽사리 책임지는 것이다. 그럼에도 가끔씩 찾아와 사사건건 참견하는 나머지 형제 자매들 때문에 괴로워하기도 한다.

사람의 마음을 이해하게 되면서 나는 그들이 왜 그러는지 알게 되었다. 다른 형제들이 책임을 분담하려 하지 않으면서 괜히 트집만 잡는 이유는 바로 자신들의 잘못을 감추고 싶기 때문이다. 잘못을 저질렀을 때 오히려 목소리를 키우며 화를 내어 자신을 방어하려는 심리와 비슷하다. 이와 같은 사실을 상대방을 이해하면 불필요하게 자신을 탓하지 않게 된다.

병든 부모님을 모시는 일은 쉽지 않다. 그러므로 우선 자신의 스트레스부터 해결해야 한다. 더구나 '돌봐주는 사람'과 '보살핌을 받는 사람'은 모두 안타깝고 미안한 감정들이 뒤엉켜 힘겨워하기 마련이다. 이때 서로 소통하지 못한다면 갈등이 빚어지고 다투게 돼 점차 배려와 고마움은 사라지고 원망과 비난만 늘어난다. 그렇다고 서로를 사랑하는 마음이 변한 것은 아니다. 단지 어떻게 표현해야 하는지 몰라서 그러는 것이다.

의외로 효도를 하려는 자식들이 오히려 이와 같은 답답한 상황을 겪는다. 하지만 '기꺼이 해주고 즐거움을 얻는다'는 생각으로 최선을 다하면 그 과정에서 큰 즐거움과 만족을 얻을 수 있고, 자연히 보답을 기대하는 마음도 생기지 않는다. 오히려 병든 부모님을 돌보며 미래의 자신을 돌보는 법을 배울 수 있다. 이런 마음가짐으로 살면 연로한 부모님이 내 마음을 알아주거나 형제자매가 어떤 말을 하든 상관없이 즐거운 마음으로 효도를 할 수 있다.

인생에도 사계절이 있다. 중년의 자녀들이 한여름을 보내고 아침저녁 서늘한 바람에 단풍이 붉게 물들기 시작하는 초가을로 들어설 무렵, 연로하신 부모님은 흰 눈이 흩날리는 겨울을 맞는다. 이렇듯 서로가 다른 인생의 계절을 살고 있다는 것을 알게 되면, 현재를 소중히 여기면서 항상 기쁘게 살아갈 수 있다.

주름진 부모님의 손을 보면 마음이 짠하지만 점차 시간이 흐르면서 어느덧 하얗게 새어버린 머리도 담담히 바라보게 된다. 그리고 이때쯤 되면 자기 눈가의 주름과 흰 머리도 아무렇지 않게 받아들일 수있다. '일흔이 되어서도 어머니를 기쁘게 해드리기 위해 색동옷을 입고 재롱을 부렸다는 노래자老萊子의 이야기를 떠올려보면 부족한 자신이 부끄러워진다. 노래자는 중국 춘추 시대 초나라 사람으로 그가 가는 곳마다 마을이 생길 만큼 존경받았다고 하는데, 그가 노자老子라는 설도 있다. 아무튼 나로서는 그저 가끔씩 어머니를 모시고 맛있는 음식을 먹으러 가거나 평소 가고 싶어 하셨던 곳을 함께 여행하면서 세월의 흐름을 따라 천천히 늙어갈 수 있길 바랄 뿐이다.

용기와 지혜가 필요한 마지막 수업

잘 죽는 것은 가장 큰 축복이다. 또 자식이 부모님의 마지막 여정을 함께할 수 있다면 그것 역시 아주 큰 행복이다. 하지만 덧없는 인생 앞에서 종종 '내가 먼저 죽으면 어떡하지' 하는 두려운 생각이 들곤 한다.

아버지가 돌아가신 뒤 '어머니의 마지막을 함께하는 것'은 내 인생에서 가장 중요한 숙제가 되었다. 하지만 아무리 완벽하게 준비를 해도 앞으로 다가올 미래까지 예측할 수는 없다. 모자지간으로 만났지만 마지막 이야기가 어떻게 펼쳐질지는 아무도 모른다.

내 아버지는 갑작스럽게 세상을 떠나셨다. 매우 건강하셔 평소에 흔한 감기 한번 앓으신 적이 없었는데, 어느 날 심장에 불편함을 느끼시더니 폐에 물이 차 병원에 입원하셨다. 그 뒤 4개월밖에 더 사시지 못했지만 다행히 편안하게 떠나셨다. 가족들이 항상 옆을 지켰고, 덕분에 하고 싶은 말을 모두 하고 편안히 눈을 감으실 수 있었다.

아버지의 임종은 나에게 미련 없는 이별로 남았다. 그래서 가끔씩 어머니와 그때의 이야기를 하면서도 마음이 편안하다. 나는 종종 기회가 되면 가벼운 마음으로 어머니와 함께 죽음에 대해 이야기를 나누곤 한다. 아버지를 추억하거나 지인의 부고를 들었을 때 또는 유명 인사의 사망 소식을 접하면 자연스럽게 대화를 나누게 된다. 그러면서 '혹시 내가 먼저 죽는 경우'에 대해서도 조심스레 말을 꺼내곤 한다.

처음 이야기를 꺼냈을 때 어머니는 무척 싫어하셨다. 나 역시 어머니의 마음이 이해가 되었기에 입을 다물 수밖에 없었다. 하지만 이후로도 수시로 조금씩 이야기를 꺼냈고 점차 더 많은 이야기들을 나누었다. 내가 어머니를 위해 미리 준비해둔 것들에서부터 시작해, 내가 죽은 뒤 어떻게 하길 원하는지와 재산 처리 방법, 남기고 싶은 말들을 모두 말씀드렸다. 그리고 나서 어머니는 어떻게 하시길 바라는지 물어보았다. 처음에는 대답을 피하셨지만, 어머니도 이제는 어느 정도 자유로워져 장례 절차부터 화장을 할지 수목장으로 모실지 등에 이르기까지 다양한 이야기를 나눈다. 그렇게 어머니는 조금씩 용기를 내어 삶의 마지막 수업을 시작하셨다.

얼마 전에 아버지의 친구분이 병으로 돌아가셨다. 부고를 들은 어머니는 곰곰이 날짜를 계산하더니 그분이 돌아가신 날과 같은 주에 화장되었다는 사실을 알고 놀라셨다. 원래 전통적으로 49일이 지난 뒤 발인을 해야 하는데(대만의 전통인 듯하다-편집자 주) 어째서 가족들이 그렇게 빨리 화장을 한 건지 이해하지 못하셨다.

"아마도 아저씨께서 생전에 영안실에 오래 머물고 싶지 않으니 시신을 빨리 화장해달라고 당부를 하셨겠지요." 내가 이렇게 설명하자 어머니는 곰곰 생각하더니 "만일 내가 먼저 죽거든 8시간의 조념염불助念念佛이 끝나면 바로 화장한 뒤 육신이 흙으로 되돌아갈 수 있게 나무 밑에 묻어주렴" 하고 당부하셨다. 어머니도 진지하게 자신이 원하는 마지막 모습을 마음속으로 정리하고 계신 것이다.

'관에는 노인이 아니라 먼저 죽는 사람이 눕는다'는 속담이 있듯이 나이가 많다고 꼭 먼저 가는 건 아니다. 중년의 자식이 연로한 부모님을 먼저 보내드린다면 서로에게 정말 다행스런 일이다. 하지만 만일이라도 '백발의 부모님이 검은 머리의 자식을 먼저 보내야 하는' 일이 생기는 걸 대비해 미리 당부해두는 것도 좋은 일이다.

요즘에는 삶의 연장선인 죽음에 대한 관심이 높아져 '장례식 체험', '유언장 쓰기' 같은 것을 젊은 나이에 미리 체험하기도 한다. 또한 생명 연장 장치에 대한 입장을 가족간에 서로 이야기하는 경우도 늘고 있다. 사실 가장 두려운 것은 죽음이 아니라 죽음을 제대로 받아들이지 못하는 마음이 아닐까?

2부 사랑 얼마나 깊어야 안심이 될까

부모와 자녀가 함께하는 모든 과정은
이번 생애에 반드시 이수해야 하는 필수과목이다.
일찍 받아들일수록 빨리 배우지만
외면한다면 언젠가 꼭 재수강을 해야 한다.

혼자인
삶에서
연애란?

2부 사랑, 얼마나 깊어야 안심이 될까

누구에게나 사랑은 필요하다

중년 이후에 자신을 사랑해주는 사람이 없다는 사실보다 더욱 슬픈 건 내가 다시 사랑을 시작할 수 없다고 생각하는 것이다. 하지만 진지한 사랑을 바라는 중년은 젊은 사람보다 더욱 능숙하게 다가오는 인연을 붙잡을 수 있다. 중년이 되면 빨리 결혼해 가정을 이뤄야 한다는 압력이나 아이를 낳아 길러야 한다는 부담감에서 자유롭기 때문이다. 자연스레 다가오는 인연을 붙잡아 오직 사랑에 충실하면서 어느 때보다도 순수하고 낭만적인 사랑을 할 수 있다.

중년에 '혼자'인 삶을 살아간다고 해도 언제든 사랑은 다시 시작할 수 있어야 한다는 뜻이다. 인생을 즐겁게 살아가며 긍정적인 자기장을 만들면 사랑은 다시 찾아온다. 중년 이후에 찾아오는 진실한 사랑은 젊은 시절과는 또 다른 의미로 소중한 경험이 된다.

오랜 기간 혼자 생활해온 친구들 중에는 싱글 라이프를 즐길 줄 아는 이들이 많다. 그럼에도 해마다 생일이 돌아오거나 사랑에 빠진 젊은 연인들을 볼 때면 '왜 나를 사랑해주는 사람은 없는 거지?' 하며 한탄을 한다. 아이러니하게도 조건이 좋은 친구들이 더욱 억울해한다. 이들은 종종 "너희는 내가 조건이 좋다고 하는데, 어째서 나를 사랑해주는 사람은 한 명도 없지?"라며 하소연을 한다.

두 사람이 만나 서로 사랑하려면 기회와 인연이 필요하다. 정확한 타이밍에 자신과 어울리는 사람을 만나 서로 사랑에 빠지게 될 확률은 어쩌면 복권에 당첨될 확률보다도 낮을지 모른다. 하지만 희망을 버리지 않는다면 사랑은 당신을 저버리지 않는다. 그러니 과거의 달콤했던 추억이나 아픈 상처에 지나치게 집착하면서 마음의 문을 걸어 잠근 채 인연을 외면해서는 안 된다.

시간은 사람들에게 지혜와 경험을 선물한다. 바로 이 덕분에 젊은 시절에는 이겨내기 힘든 장애물들을 중년이 되어서는 능숙하게 피해 가며 사랑을 지켜나갈 수 있다. 그러니 중년에 접어들었더라도 두 팔 벌려 다가오는 사랑이 있다면 온전히 받아들이도록 하지.

또다시 사랑을 만나다

최근 몇 년 동안 중년의 사랑을 다룬 영화들이 소개된 것을 자주 보게 되었다. 대부분은 사랑하는 중년 남녀가 현실의 장벽에 부딪쳐 결국 '새로운 사랑'을 포기하고 마음을 다시 잠근 채 홀로 외롭게 살아가는 내용을 담고 있었다. 이런 영화들을 볼 때면 주인공들이 그와 반대의 선택을 하고 완전히 다른 인생을 살아가는 모습을 상상해보곤 한다.

영화 〈페이스 오브 러브The Face of Love〉는 대만에서는 '사랑이 돌아왔다고'라는 제목으로 상영됐다. 제목을 잘못 지었다고는 할 수 없겠지만, 나는 오히려 '사랑의 모습'이나 '사랑의 얼굴'로 직역했으면 어땠을까 싶다. 그랬더라면 문학적인 느낌은 좀 덜하더라도 주인공들의 감정이 더 잘 표현됐을 것 같다.

〈페이스 오브 러브〉는 로빈 윌리엄스Robin Williams의 마지막 작품이라고 홍보했지만 사실 영화에서 그가 차지한 비중은 그리 크지 않다. 그는 단지 남편을 잃은 슬픔에 괴로워하는 여자 주인공을 짝사랑하는 선량한 이웃으로만 나온다. 그보다는 주인공으로서 아카데미 여우주연상 수상한 아네트 베닝Annette Bening과 전 남편과 새로운 연인은 연기한 에드 해리스Ed Harris의 비중이 훨씬 크다.

영화는 남편을 먼저 떠나보낸 뒤 슬픔에 잠겨 살아가는 여주인공을 중심으로 이루어진다. 비록 이웃 남자가 묵묵히 그녀를 위로해주지만, 남편과의 아름다운 추억을 잊기에는 역부족이다. 그렇게 슬픔에 잠겨 살아가던 중 우연히 남편과 쌍둥이처럼 똑같이 생긴 남자와 마주친다. 그녀는 그를 보면서 잃어버린 사랑을 되찾고 말겠다는 생각을 한다. 상대방도 그녀를 사랑하게 되지만, 자신이 그저 그녀의 마음속 깊이 자리한 죽은 남편을 대신하는 존재에 불과하다는 사실을 알고 그녀의 곁을 떠난다. 다시 1년의 시간이 흐른 뒤, 여주인공은 남자의 사망 소식을 접한다. 그의 추모 전시회에서 한 폭의 초상화를 보게 된 여주인공은 그제야 자신이 그를 진정으로 사랑했음을 깨닫는다.

만약 그녀가 남편에 대한 집착을 내려놓고 '새로운 사랑'을 온전히 받아들였다면, 두 사람의 사랑이 그처럼 안타깝게 끝나지는 않았을 것이다.

또 다른 영화인 〈런치박스$^{The\ Lunchbox}$〉는 우리를 SNS가 아닌 진짜 '쪽지'로 마음을 전하던 시대로 되돌아가게 한다. 인도에서 최근 주목받기 시작한 리테쉬 바트라$^{Ritesh\ Batra}$ 감독의 첫 영화로, 다른 도시에서 각자 외롭게 살아가는 남녀 주인공이 잘못 배달된 도시락을 매개로 서로의 외로움을 보듬어준다는 내용을 담고 있다. 그들은 매일 도시락에 쪽지를 넣어 주고받으면서 혼잡한 도시 속에서 살아가는 외로운 마음을 서로에게 전한다.

아내를 잃고 혼자 살아가는 남자 주인공은 잘못 배달된 도시락을 먹으며 죽은 아내를 떠올리고, 복잡한 도시에서 주부로 살아가는 여자 주인공은 낯선 남자가 보내온 쪽지에 담긴 존중과 관심에 깊은 감동을 받는다. 그녀는 이미 오래전에 소원해진 남편과의 관계를 힘겹게 이어가는 중이었다.

남자 주인공은 혼자 밥을 먹고, 혼자 지하철을 타고 출근해, 직장에서도 딱히 친한 동료도 없이 항상 외롭게 살아간다. 또 집안일을 하고 아이를 돌보는 여자 주인공은 자신을 봐주지 않는 무뚝뚝한 남편 때문에, 가정을 이루고 살지만 마음속으론 '혼자'라고 생각한다.

영화는 수많은 사람들과 섞여 평범한 일상을 살아가는 외로운 중년 남녀의 모습을 통해, 기혼이건 미혼이건 사람에게는 자신의 마음을 이해해줄 대상이 필요하다는 사실을 이야기하고 있다. 서로 단 한 번도 만나지 못했지만 두 사람은 조금씩 마음을 열고 마침내 함께하는 삶을 꿈꾸기 시작한다. 영화는 마지막 결말을 관객들의 자유로운 상상에 맡기며 끝이 난다.

젊은 시절 혼자일 때와 중년 이후 혼자일 때 연애를 바라보는 태도는 완전히 다르다. 젊은 시절 혼자일 때는 또 다른 '혼자'를 찾아다니며 모든 것을 다 바치려는 마음이 된다. 하지만 중년 이후에는 혼자인 다른 사람 역시 그저 자신의 삶에 스쳐 가는 손님일 뿐이라는 사실을 알고 있다. 그래서 지금 이 순간을 소중히 생각할 뿐 모든 것을 다 가지려 하지 않게 마련이다.

이혼한 뒤 오랜 시간 우울하게 혼자 지내던 친구 하나가 있었다. 그런데 그동안 알고 지내던 독신 여성에게 갑자기 적극적으로 데이트 신청을 하기 시작했다. 느닷없이 변한 이유가 뭐냐고 내가 묻자, 어느 콘서트에서 사랑에 관한 노래를 듣고 깊은 감명을 받았기 때문이라고 말했다. 노래를 따라 부르며 하염없이 눈물을 흘리던 그는 나에게 문자를 보냈다. "청춘이 머무르지 않는다는 걸 잘 알아. 하지만 돌아보며 후회하지는 않겠어." 그날 저녁을 계기로 그는 백발이 되어서야 비로소 자신의 옆을 지켜주는 사람이 아무도 없다는 사실을 깨닫기는 싫다며, 다시 사랑을 찾기 시작했다.

중년의 사랑이 갖는 의미

주위에서 다양한 연령의 사람들을 관찰해본 결과, 사람들이 흔히 말하는 '사랑'이 연령에 따라 매우 다르다는 사실을 발견했다. 청소년기에 생각하는 사랑은 말 그대로 순수한 연애 감정을 말한다. 또 결혼 적령기의 '사랑'은 남녀가 결혼을 전제로 사귀는 걸 말한다. 반면 중년 이후의 사랑은 성생활이나 결혼의 의무에서 벗어나 아무런 부담 없이 이뤄지는 교제를 말한다. 한마디로 서로 성적으로도 자유롭고 결혼에도 얽매이지 않는 관계다.

지인 중 결혼정보 회사를 운영하는 사람이 있는데, 그는 모든 회원들에게 '거짓 없이 속이지 말고 교제할 것'을 규칙으로 엄격히 정해놓았다. 이런 규정 탓에 연애만 하고 결혼은 생각이 없는 사람은 가입조차 할 수 없었다.

설립한 지 20년이 된 그의 사업은 자리를 잡았다. 가끔 투자자들은 그에게 중년까지 포용할 수 있도록 시장을 넓혀야 한다고 조언하지만, 그는 그렇게 하지 않는다. 중년의 사랑은 결혼을 전제로 하지 않는 경우가 많기 때문에 결혼정보 회사를 경영하며 세운 원칙, 즉 '결혼을 하고 싶은 사람'이라는 가입 조건에 부합하지 않는다는 이유에서였다.

오랫동안 사람들을 관찰해오면서 나는 '새로운 사랑'을 원하는 중년들은 공개적인 결혼을 꺼린다는 사실을 발견했다. 또 결혼한 경험이 있는 사람들은 '재혼'하는 걸 부담스럽게 생각하는 경우가 많았다. 결혼정보 회사를 운영하는 그는 이런 중년의 마음을 정확하게 파악하고 있었던 것이다. 중년에 이르면 성생활보다 마음의 소통과 정신적 지지를 더 중요시하며, 결혼은 필수로 생각하지 않는다.

중년에 더 중요한 몸과 마음의 건강

나에게 형님뻘인 한 지인이 이런 말을 한 적 있다. "남자가 성욕만 해결하려는 게 아니라 정말 마음이 맞는 여성을 찾으려면 상당한 노력과 시간을 투자해야 해." 이 말은 매우 현실적인 지적이라고 생각한다.

내가 아는 조금 나이가 많은 지인의 경우 오래전 아내와 사별하고 이혼한 중년 여성과 만나며 관계를 키워가고 있었다. 이미 연인으로 발전한 두 사람의 관계를 자식들도 받아들여, 친밀하게 서로 왕래를 하고 있다. 그런데 그는 겉으로는 지금의 관계에 만족하는 것처럼 보였지만, 속으로는 몸이 예전 같지 않다는 사실에 상처를 받고 있었다. 그래서 의사가 처방한 약에 의지해 젊음을 유지하려고 노력한다고 했다. 주변의 친구들도 그에게 조언을 구할 정도로 각종 약들의 효능과 용도에 대한 지식도 상당하다.

동양 사회는 성에 대해 매우 보수적이다. 특히 50세가 넘은 사람이 성생활이 중요하다고 말하면 '나이를 먹어서도 밝힌다'는 소리를 듣기도 한다. 그래서 이런 부분을 공개적으로 말하는 경우는 거의 없고, 문제가 생기더라도 병원에 가서 진찰을 받기보다 숨기기에 급급하다. 그러다 보니 몰래 민간 처방에 의지하려 하다가 좋지 않은 약을 먹고 건강이 더 상하는 경우도 있다. '누구는 효과를 봤다더라'는 식의 잘못된 정보가 퍼져나가 많은 사람들이 피해를 보기도 한다.

조사에 따르면 남자들은 몸이 좋지 않다고 느낄 때 대부분 정력제를 복용하는 것으로 나타났다. 비아그라^{Viagra}의 경우 출시 이후부터 거의 매년 매출이 상승해 15년 동안 다섯 배 이상 증가한 것으로 나타났다. 복용 연령도 1999년에는 평균 65세였으나 이후 계속 연령이 낮아져 2011년에는 54세로 나타났다. 의사의 처방에 따라 약을 복용하는 것은 부끄러운 일이 아니다. 그러니 반드시 증상에 따라 약을 제대로 처방받아야 한다.

중년 여성의 경우에는 갱년기를 전후로 변화하는 몸과 마음에 균형을 이루는 법을 배워야 한다. 여성들 역시 사람마다 성적 욕구가 다르지만 누군가 기댈 수 있는 사람이 필요하다는 점은 같다. 여성들은 중년이 되면 신체적으로 많은 변화가 생긴다. 만약 감정 기복이 심해지고 건강이 급속하게 나빠진다면 병원에 가서 진료를 받아야 한다. 의사의 의견에 귀 기울이고 음식, 운동, 명상 등을 통해 자신의 몸과 마음을 건강한 상태로 유지하길 권한다.

혼자일수록 신경 써야 할 것들

남녀 할 것 없이 혼자 사는 사람들은 항상 옷차림에 신경 써야 한다고 생각한다. 아무 옷이나 주워 입고 마치 말라버린 고목처럼 생기가 없는 모습을 해선 안 된다. 어울리는 옷과 장식품을 이용해 최대한 밝고 화사한 모습으로 자신을 꾸며보자. 그래야 스스로도 기운이 넘치고 주변 사람들이 보기에도 멋있고 활력이 있어 보인다.

여든이 되신 어머니는 중풍으로 오랜 기간 투병하고 계시지만 여전히 아름답다. 아침에 함께 공원으로 운동을 갈 때도 항상 옷차림에 신경을 쓰는 덕분에 늘 우아한 모습이다. 운동을 할 때면 친구분들이 다가와 인사를 하는데, 가끔씩 노신사분과 마주친다. 그러면 나는 일부러 "보기 좋은데요. 이참에 두 분이 황혼 연애 한번 해보시는 게 어때요?" 하며 장난을 친다. 그러면 어머니는 빙그레 웃으며 "네가 나랑 살기 싫은가보구나. 나를 다른 노인에게 버리려 하게" 하며 맞받아치신다.

중년 이후에 '사랑'과 '결혼' 중 현실적으로 더 중요한 것은 무엇일까? 이것은 선뜻 답하기 곤란한 문제다. 단지 우리는 다양한 인생의 경험을 하고 어느덧 중년이 되면 현실의 냉정함을 잘 알게 된다. '결혼'은 인생에서 가장 기본적인 일이고, '사랑'은 아름다운 꿈이라고 할 수 있다. 어찌 됐든 두 사람이 서로를 아껴 가며 행복을 이루는 것이 가장 중요할 것이다.

40대에는 경제적으로도 중요하고 돈을 쓸 일도 많아 연애를 시작하기에 그리 좋은 시기는 아니다. 연인 사이에 돈이 끼어드는 순간, 낭만적인 사랑은 물거품처럼 사라진다. 그러니 사랑에 충실하기 위해선 두 사람 모두 적당한 생활 능력을 갖추고 있어야 한다. 경제적으로 기대다 보면 안 좋은 결말을 가져올 수도 있기 때문이다.

내 마음속 깊은 외로움 알기

영국《데일리 미러Daily Mirror》지에 다음과 같은 안타까운 사연이 소개된 적 있다. 두 차례 이혼한 경험이 있는 미국 여인 샐러드는 1년 6개월 전에 인터넷을 통해 크리스라는 남자를 알게 되어 채팅을 하면서 사랑에 빠졌다.

크리스는 매일 샐러드에게 "나의 여왕님, 오늘은 어떻게 지내셨나요?"라고 인사하며 "사랑해요. 언제나 함께하고 싶어요" 같은 달콤한 말들로 상처받은 마음을 어루만져주었다. 그러던 중 남아프리카로 출장을 간 크리스가 정치적 사건에 휘말렸다는 소식을 전해 왔다. 그는 변호사를 고용하고 비자도 재발급받아야 하는데 신용카드까지 빼앗겼다며 샐러드에게 돈을 송금해달라고 부탁했다. 그녀는 아무런 의심 없이 곧바로 16억 원이나 되는 돈을 송금해주었다. 하지만 이내 연락은 끊기고 말았다. 더욱 안타까운 것은 그럼에도 샐러드는 여전히 자신이 당한 게 아니라 사랑이었음을 굳게 믿고 있다고 한다.

중년 이후에 찾아오는 진실한 사랑은 정말 소중하다. 하지만 이 나이가 되면 사회에 막 진출한 20대보다 많은 인생 경험을 가지고 있다. 그러니 자신의 상황을 분명히 인식하고 원칙을 지켜서 둘 사이에 돈이나 다른 문제가 끼어들지 못하게 해야 한다. 돈을 지키려고 다른 사람을 지나치게 의심할 필요는 없지만, 마음속 외로움 때문에 어리석은 실수를 저질러서는 안 된다. 사람은 누구나 외로움이 깊을수록 사랑의 함정에 빠질 가능성이 크기 때문이다. 사랑이 찾아오면 언제든 연애를 할 수 있다는 열린 마음을 갖되, 현실을 분명하게 바라보기 위해 노력하자. 자신을 보호하기 위해서 그리고 삶의 마지막 사랑을 허무하게 잃지 않기 위해서 이런 노력은 꼭 필요하다.

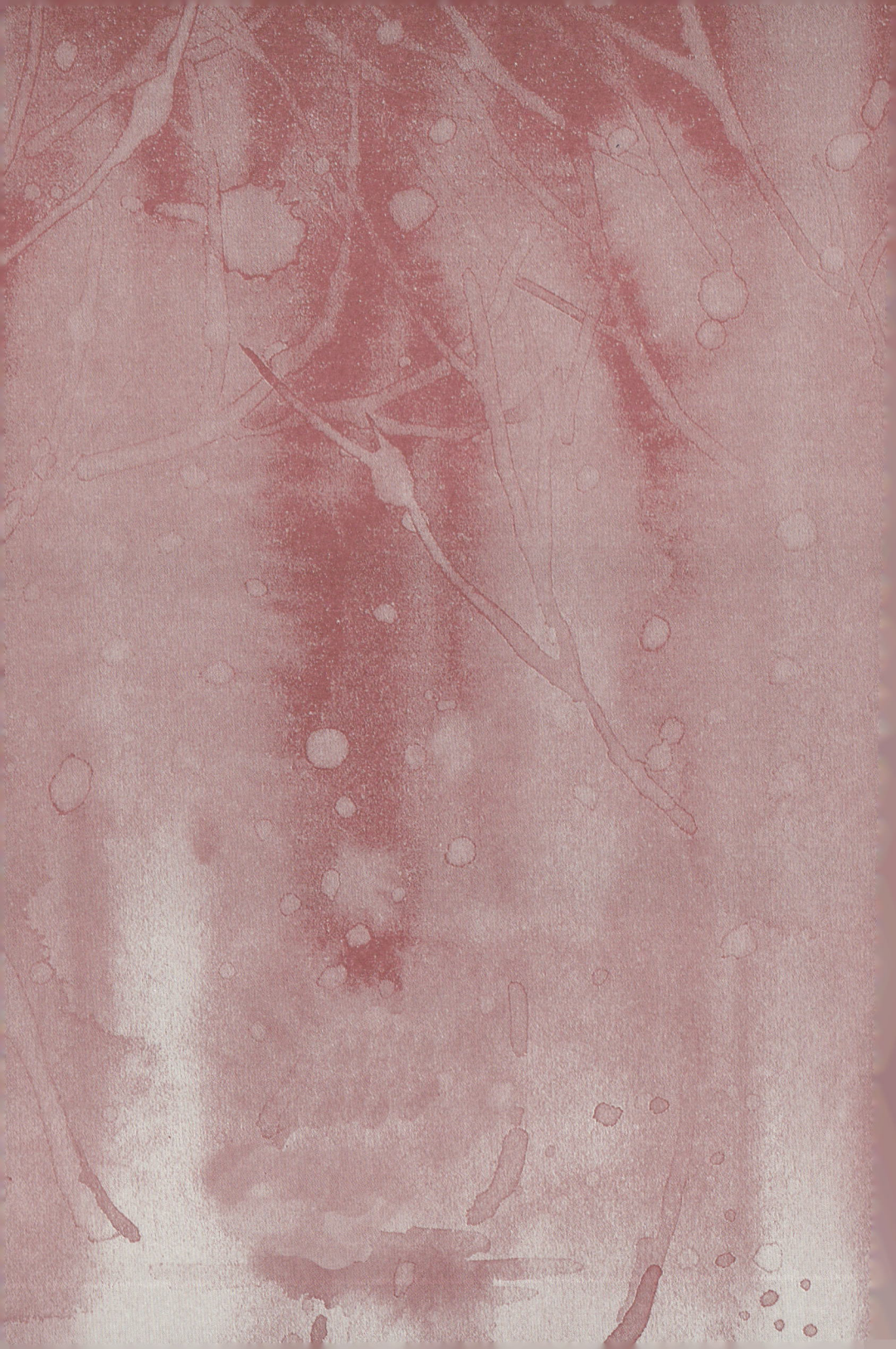

양보다 질이
중요한 우정

3부 친구, 얼마나 많아야 외롭지 않을까

온라인으로 사귀는 친구는 가짜일까

과거에는 우리가 느린 기차로 덜컹이며 시간의 터널을 지났다면 이제는 고속열차를 타고 시간의 문을 빈번하게 드나들고 있다. 세상 어디든 순식간에 갈 수 있는 인터넷은 빛의 속도에 진입한 듯 우리를 또 다른 시간 속으로 데려다준다. 덕분에 우리는 얼마든지 새로운 친구를 사귀고, 잊고 지낸 옛 친구의 소식을 들을 수 있다. 이렇게 만난 친구와 금방 오래된 친구처럼 친해지기도 하고, 오랫동안 소식이 끊겼던 옛 친구를 다시 만나 소식을 주고받기도 한다.

사실 혼자서도 충분히 즐길 줄 아는 사람은 몇 안 되는 친구와 이야기를 나누는 것만으로도 만족하며 살 수 있다. 깊이가 없는 관계는 피하거나 표면적인 형식에 얽매이지 않고 그저 친구에게 속마음을 털어놓는 것만으로도 충분한 자신감이 차오르는 걸 느끼기 때문이다.

온라인 커뮤니티가 유행하면서 우정에 대한 생각도 변하기 시작했다. 처음 온라인에서 친구를 만들 수 있었을 때, 많은 사람들은 친구 만들기에 열중하며 그 수가 늘어나는 걸 뿌듯해하곤 했다. 그렇게 가상 세계에서의 우정은 급속도로 발전해갔다. 하지만 대인관계 전문가들은 실제로 만나지 않고 온라인에서만 이루어지는 우정이 과연 어느 정도의 깊이를 가질지 의문을 표했다. 휴대전화 번호도 알지 못한 채 고작 상대방의 아이디만 알고 있는 상황에서 어떻게 진지한 우정을 나눌 수 있느냐는 것이다. 게다가 간혹 사기를 저지르는 일부 네티즌들로 인해 피해를 보는 사례가 생기자, 온라인 커뮤니티에 대한 부정적인 이미지는 더욱 커졌다.

반대로 인터넷에서 네티즌들이 힘을 모아 범죄자를 찾아주거나 자살 일보 직전에 찾아내어 막았다는 뉴스들이 언론을 통해 전해지면서 보수적인 생각을 갖고 있던 사람들의 시선도 변하기 시작했다. 온라인에서는 직접 마주 보고 이야기하지 않기 때문에 오히려 자살하고 싶다는 속마음까지도 쉽게 털어놓을 수 있다. 그래서 온라인 친구가 경찰에 신고해 소중한 생명을 구하는 경우가 생기곤 하는 것이다.

인터넷을 통해 옛 추억을 찾다

평범한 시민이었던 커원저^{柯文哲}가 타이베이 시장으로 당선된 일은 '네티즌의 힘'을 더욱 확실히 보여준 사례다. 젊은 유권자들이 기성세대를 이긴 사건이자 인터넷의 새로운 역할을 보여준 예라 할 수 있다. 표면상으로는 정치적 문제로 보였지만 실제로는 수많은 사람의 마음이 모여 이루어낸 일로서, 사회적 파장이 큰 사건이었다. 이제 사람들은 인터넷을 통해 이전보다 더 적극적으로 자신의 생각을 표현하고 다른 사람들과 관계를 맺는다. 그리고 아름다웠던 자신의 과거를 찾아내기도 한다.

수십 년 전에 활동한 가수의 음악도 인터넷에서는 언제든 들을 수 있다. 이미 세상을 떠난 가수의 젊은 시절 매력적인 모습과 노래를 동영상으로 감상할 수도 있다. 또 어렸을 때 함께 놀다가 다른 지역으로 이사를 가면서 연락이 끊긴 옛 친구의 소식을 SNS를 통해 우연히 다시 듣게 되기도 한다.

우리는 옛 친구를 만나면 잠시나마 눈앞의 현실에서 벗어나 가식 없이 맑고 순수했던 어린 시절로 돌아간다. 오랜만에 만난 친구가 떨리는 목소리로 "사실 그때 너를 좋아했었어"라며 20년 동안 품고 있던 고백을 하거나 "그때 치마에 물감 뿌린 건 미안해"라며 뒤늦은 사과를 하기도 한다. 세월 속에서 이젠 웃고 넘길 수 있는 일이 된 것이다.

요즘 사람들에게 우정은 가상과 현실 세계를 넘나들며 이루어진다. 그리고 사람들은 그 공간이 어디든 서로 진심을 나눌 수 있는 친구를 바란다.

마지막을 지켜줄 진정한 친구

어쩌면 살아가는 데는 북적북적 많은 친구보다 자신의 마음을 알아주는 친구 한두 명이 더 필요한지도 모르겠다. 그런데 진정한 우정을 받아들이기 위해서는, 수많은 강들이 모여 드넓은 바다를 이루듯 많은 노력을 쏟아야 한다.

나는 항상 단조롭고 소박하게 생활하며 사람들에게는 상냥하고 공손하게 행동하려고 노력한다. 하지만 사실 매우 내성적이라서 부끄러움도 많고 약간 괴팍한 면도 가지고 있다. 그런데 복이 많아서인지 다행히 주변에는 내 별난 성격까지 이해해주는 친구들이 많다. 때때로 약속 시간이 다 되도록 집에서 나오지 못하는 경우가 생겨도 너그럽게 이해해준다. 또 모임이 있을 땐 낯가림이 심한 나를 위해서 특별히 자리를 신경 써주기도 한다.

그중 정말 친한 친구를 뽑아보자면 한 다섯 명 정도 된다. 독신도 있고 이미 결혼을 한 친구도 있고 이혼한 친구도 있다. 그런데 우리는 누구든 더 늦게 세상을 떠나는 사람이 먼저 간 사람의 마지막을 정리해주기로 약속했다. 그 이야기를 할 당시에는 모두 웃으면서 농담처럼 즐겁게 얘기했지만 마음속으로는 매우 진지했다. 친구의 임종을 돕는 건 마지막 가는 길을 배웅해주겠다는 의미이다. 그날의 이야기는 서로의 마음에 깊이 새겨져, 꼭 지켜야 할 약속이 되었다.

혼자인 사람들끼리의 우정

나는 정기적으로 함께 모여 식사를 하는 '혼자인 사람들의 모임' 친구들도 있다. 해마다 섣달 그믐날 밤 혼자 사는 친구들을 불러 함께 식사를 하는 모임이다. 함께할 부모님이 안 계시거나 직장 때문에 고향에 가지 못하는 사람들끼리 모여서 만들었다. 한 해의 마지막 날 함께 모여 식사를 하면 마음까지 따뜻해진다.

이 모임에 첫 번째로 들어온 사람은 고등학교 동창이었다. 그는 사회생활을 시작한 지 얼마 되지 않았을 때 연이어 부모님을 떠나보내고, 줄곧 혼자서 명절을 보내왔다. 그래서 몇 차례 가족 모임에 초대했지만 미안해서인지 거절하곤 했다. 나는 어쩔 수 없이 저녁에 가족들과 함께 식사를 한 뒤 음식을 포장해 친구에게 가져다주곤 했다. 그런 일이 몇 번 반복되자, 친구는 날 번거롭게 하지 않으려고 초대에 응했고, 명절 때 함께 식사하게 되었다.

친구는 식사 자리에서 대화를 나누고 술을 권하면서 우리 부모님을 즐겁게 해드렸다. 그렇게 해마다 섣달 그믐날 밤에 네 사람이 함께 식사하면서, 쓸쓸하지 않게 한 해를 보내는 일이 몇 해 동안 끊이지 않고 이어졌다.

그렇게 첫 손님이 들어오자 다른 친구들도 연이어 초대를 받아들였고 인원은 갈수록 늘어나 지금은 사람들로 북적이게 되었다. 처음에는 특별한 의미가 있는 모임이 아니었지만 아버지가 돌아가시고 어머니도 혼자가 되면서 정말 '혼자인 사람들의 모임'이 되었다. 그렇게 우리는 한 해의 마지막 밤에 함께 모여 정을 나누며 지나가는 해를 보낸다. 함께 모인 자리에서 어머니는 언제나 부드러운 목소리로 "이렇게 한 해가 또 가는구나" 하고 말씀하시는데, 그때마다 모두들 아쉬움과 진한 감동을 느낀다.

돌이켜 생각해보면 부모님의 너그러운 마음에도 감사를 느낀다. 부모님은 항상 사람들에게 잘 대해주시며 인색하지 않으셨다. 특히 내 친구들이라면 언제나 상냥하게 반겨주셨다. 처음 보더라도 친자식처럼 대해주고 식사 자리가 불편하지 않도록 배려해주셨다. 또한 기꺼이 함께 모여 식사를 하는 친구들에게도 고마운 마음이 든다. 한 해의 마지막 날 찾아와 친구의 부모님과 따스한 한 끼를 나누는 배려심 많은 친구들이 없었다면 아름다운 모임이 이어질 수 없었을 것이다.

자신에게 한번 물어보자. 혼자일 때 함께 식사하고 이야기를 나누고 싶은 친구가 있는가? 이 질문을 곰곰 생각해보면 자신이 바라는 우정이 무엇인지 분명하게 깨달을 수 있다. 어린 시절부터 지금까지 성장 과정에 따라 사귀고 싶은 친구도 변해왔다. 마음이 맞는 친구가 좋을 때도 있고, 사고방식이나 생각이 같은 친구가 좋을 때도 있었다. 또 때로는 필요할 때 서로 도와줄 수 있는 친구를 바라기도 한다. 하지만 혼자인 삶의 마지막을 향해 걸어갈 때 함께할 친구는 반드시 필요하다.

인맥이 돈이라는 생각

외로움을 해결하려는 이유로 성급하게 친구를 만들어서는 안 된다. 친구 역시 연인과 마찬가지로 자신감을 갖고 혼자서도 잘 지낼 수 있어야 갈등 없이 순수하게 우정을 쌓아갈 수 있다.

몇 년 동안 나는 회사를 운영하면서 '마케팅 관리', '마음의 성장'과 같은 주제로 강연을 해왔다. 그런데 마케팅과 관련된 분야에서 일을 하는 사람들은 만날 때면 항상 '인맥이 재산'이라거나 '인맥이 곧 돈'이라는 말을 하곤 한다. 그런데 솔직히 털어놓자면 이런 말을 들을 때 마음이 불편해진다. 나는 친구와의 관계를 이용해 이익을 얻으려 하지도 않고, 누군가 나와의 관계를 이용해 이득을 보길 바라지도 않기 때문이다. 일하는 데 필요해서 더 넓은 인맥을 가지려는 건 결국 돈이 목적이므로 진정한 우정이라 볼 수 없다.

물론 마케팅 분야는 인맥을 이용하면 일이 수월해진다. 인맥을 넓힐수록 상품을 소개할 기회나 업무에 필요한 사람을 많이 알게 되고, 이것은 수입과 직결되기 때문이다. 그러니 인맥을 넓히려는 행동 자체가 잘못됐다고 말할 순 없다. 다만 인맥을 넓히려는 목적이 돈이라면 우정과는 구분해야 한다. 스스로에게 이런 질문을 던져본다면 그것이 우정인지 아닌지 구분할 수 있을 것이다. '만약 그 사람을 친구로 만들고 나서 몇 년 동안 어떠한 이익도 얻지 못한다는 사실을 미리 안다면, 그래도 그와 친구가 되기 위해 시간과 노력을 쏟겠는가?'

지방에서 올라와 성공하기 위해 줄곧 노력해온 친구가 있었다. 막 창업을 해 업계에서 알려지지 않았던 당시에 그는 인맥을 쌓기 위해 매우 열심히 노력했다. 아무리 바빠도 각종 모임에 참여했고 돈을 들여 MBA 과정도 밟았다. 그리고 유명한 사람을 소개받을 수 있는 곳이라면 어디든 갔다. 그렇게 몇 년간 고생한 끝에 마침내 크게 성공했다. 회사의 일도 너무 바빠져서 제조업자들이 그의 회사와 거래를 하기 위해 6개월 이상 줄을 서서 기다릴 정도였다. 그는 날이 갈수록 더 유명해졌다. 그런데 이전에는 먼저 식사 자리를 주도해 친구들과 어울렸던 그 친구가 차츰 자리를 피하기 시작했다. 그러곤 자신에게 도움이 되는 소수의 중소기업 경영자들하고만 관계를 이어갔다. 이전부터 알고 지내던 친구들은 너무 이해타산적인 사람이라고 그에 대해 말했지만, 나는 오히려 다행이라고 생각했다. 자신의 이익만 생각하는 사람과의 관계가 자연스럽게 정리되었기 때문이다.

젊은 시절에는 서로 마음만 맞으면 다른 건 생각하지 않고 친구가 될 수 있었다. 하지만 사회생활을 하면서부터 직업, 직함, 신분, 배경과 같은 것들이 중요해지고 서로 예의상 연락을 주고받는 관계도 늘어난다. 그러다 보니 누가 진정한 친구인지 쉽게 구분되지 않을 때가 많다. 하지만 중년이 되고 퇴직을 하게 되면 그간 이익으로 얽혀 있던 관계들이 저절로 정리되면서 비로소 진정한 친구가 누구인지 분명히 드러난다.

진정한 우정은 바라지 않는 것

프랑스 남부로 여행을 갔던 당시 나는 다니엘이라는 친구를 알게 되었다. 그는 퇴직을 한 뒤 아를^{Arles}이라는 작은 도시에 정착한 사람으로, 평상시에는 집 안에만 머물며 책을 보거나 음악을 듣고, 꽃을 가꾸며 시간을 보냈다. 굳이 이웃들과 친해지려고 노력하거나 친구들과 연락을 주고받지도 않았다. 하지만 이웃이 멀리 여행을 가기라도 하면 다니엘은 대신 정원에 물을 주고, 강아지를 산책시켜주었다.

그는 또 좋은 내용이 담긴 책을 빌려주려고 몇 시간을 운전해 친구의 집으로 갔다. 그때 만약 친구가 집에 없어 만나지 못해도 실망하지 않고, 우편함에 책을 넣고 즐겁게 되돌아왔다. 그래서인지 평소에 붙임성이 좋은 성격이 아님에도 다니엘을 친구로 여기는 사람이 많았고, 나 역시 그런 다니엘이 좋았다. 만약 그에게 도움이 필요하다면 기꺼이 나서서 돕고 싶은 심정이 되었다. 그렇게 다니엘은 조용한 작은 도시에서 자기만의 우아한 방식으로 자유롭고 편안한 인간관계를 이어가고 있었다.

이런 다니엘의 모습을 통해 나는 우정을 오래 유지하는 방법을 알게 되었다. 우정은 너무 꽉 끌어안으려 하지 말고 자연스럽게 안아야 한다는 것이다. 좋은 것들을 친구와 나누면서도 상대방에게 보답을 기대하며 대가를 바라지 말자. 친구를 위해 무언가 해줄 때는 그저 과정 자체를 즐겨야 한다. 그래야 서로 부담 없이 아름다운 우정을 오래도록 유지할 수 있다.

나이와 배경을
뛰어넘는 우정

소통, 나이가 아닌 마음의 문제

젊은 사람들과 세대 차이를 느낀다는 중년 친구의 하소연을 종종 듣는다. 심지어 '요새 젊은 사람들은 무슨 생각을 하는지 도무지 모르겠다'며 화를 내는 경우도 있다. 하지만 함께 소통하고 협력해서 일을 처리해야 하는 경우가 많았던 나는 세대 간의 소통을 가로막는 원인은 나이가 아니라 마음이라고 생각한다. 선입견을 내려놓고 귀를 기울이려고 충분히 노력하면 이해하지 못할 것이 없다.

젊음이 갖는 에너지는 전염성이 있다. 젊은 사람과 친구가 되면 더불어 운동도 열심히 하게 되고, 의외의 아이디어를 얻기도 한다. 나이와 상관없이 우정을 맺으면 자신의 생각과 생활 범위를 크게 넓힐 수 있다. 숫자에 불과한 나이나 세대 차이라는 틀에 스스로를 구속시키지 말자. 충만한 열정으로 나이와 상관없이 우정을 맺는다면 백발이 성성한 노인과 소년 사이에도 우정이 자라날 수 있다. 세월의 흐름 속에 서서히 쌓여간 두터운 지혜를 전해주고 미숙하지만 한계가 없는 젊은 사고를 받아들이며 세대를 잇는 것은 멋진 일이다.

몸의 젊음 못지않게 중요한 마음의 젊음

주변을 둘러보면 노화를 방지해준다는 미용 제품들과 성형 기술이 넘쳐난다. 아름답다는 말의 이면에는 젊음이 있기에, 이것을 유지하고 싶어 하는 사람들의 소망을 이루어주려는 노력들이다. 하지만 젊어지고 싶다는 소망은 쉽사리 실현될 수 없다. 성형수술이나 영양제, 화장품 그리고 적절한 식이요법과 운동으로 노화의 속도를 조금 늦출 수 있을 뿐이다.

나는 늙어간다는 생각을 별로 하지 않는다. 나뿐만 아니라 주변 사람들의 나이도 대체로 잊고 산다. 아마도 그건 내가 하는 일 덕분인 것 같다. 평상시 다양한 연령층의 사람들과 만나다 보니 나이보다는 상대방의 논리에 집중해야 할 때가 더 많다. 자문 업무를 할 때도 나이 든 사장과 젊은 직장인들을 두루 만나고, 진행하는 라디오 프로그램에서는 초등학생부터 노년층에 이르기까지 다양한 청취자들과 만난다. 또한 강연장에는 중학생부터 대학생, 성인들까지 다양한 연령의 사람들이 찾아온다.

이렇다 보니 항상 객관적으로 생각하며 모든 사람들에게 일관된 태도를 가지려고 노력한다. 그리고 소통할 때도 내가 가진 원칙을 지키려 한다. '말할 때는 상대방이 이해하기 쉽도록 하고, 들을 때는 상대방의 입장을 헤아려 이해할 수 있도록 최선을 다하는 것'이다. 나이에 관계없이 상대방을 이해하려면 먼저 자신의 나이에 스스로 갇히지 말아야 한다. 이것이야말로 수술이나 약품 없이도 젊게 사는 비법이 아닐까?

내가 나이를 잊고 사는 또 다른 이유는 끊임없이 내면을 성장시키려 노력해왔기 때문이다. 마음공부를 통해 사람을 만날 때도 상대방의 마음이 얼마나 풍요롭고 성숙한지를 보게 되었다. 나는 바깥으로 드러나는 말과 태도는 모두 자신의 '내면의 아이'와 관련이 있다고 생각한다. 만약 어린아이 같은 천진함이 아직 살아있다면 쉽게 나이를 잊고 살 수 있다. 물론 천진함이란 철없음이나 설익음과는 구분해야 한다.

마음이 젊어야 얼굴도 젊다

내가 지금껏 영양제를 먹어본 적이 없다고 하면 친구들은 믿지 않는다. 하지만 사실이다. 심지어 겨울에 피부가 갈라지는 걸 방지하려면 로션을 발라야 한다는 것도 몇 년 전에야 알고 그때부터 바르기 시작했다. 당연히 성형외과에는 가보지도 않았다. 내가 관리라고 한 것은 규칙적인 운동이 전부다. 친구가 "성형외과에 가서 주름 정리를 하면 훨씬 더 젊어 보인다"고 꼬드겨도 가지 않았다. 아플까봐 두렵기도 하고 돈도 아까워서 선뜻 발길이 가지 않았다. 더구나 시술을 하고 나서 효과가 사라지면 피부가 더 빨리 늙을까봐 걱정되기도 했다. '외국의 나이 든 배우들 보면 머리가 하얗게 새고 얼굴에 주름이 생겨도 여전히 멋지던데 뭐!' 하며 스스로 위안을 삼곤 한다.

내가 나이를 신경 쓰지 않는 것은 젊음을 유지하기 위함이 아니다. 그날그날의 삶에 충실할 뿐 시간의 흐름에 연연하지 않는 성격 탓이다. 나는 평소에 나이 든 것을 아쉬워하는 경우도 별로 없다. 장기간 여행하기 위해 짐을 쌌는데 너무 무거워 잘 들지 못할 때나 한 번씩 나이를 실감할 뿐이다.

나이를 잊고 우정을 쌓는 것 또한 단순히 젊음을 유지하기 위해서만은 아니다. 내 마음을 더욱 성숙하게 만들려는 노력의 하나다. 우리는 나이가 많다고 젊은 사람 앞에서 무턱대고 자신이 옳다고 우기는 행동을 경계해야 한다. 그래야 서로의 말에 귀 기울이며 함께 성장할 수 있다. 유연한 태도를 지닐수록 나이를 잊고 더 아름답고 풍성한 삶을 살아갈 수 있다.

세대를 잊고 빚은 우정이라는 맛 좋은 술

나는 늘 친구들에게 나이와 상관없이 친구는 다양하게 사귀는 게 좋다고 조언한다. 그러면 친구들은 젊은 세대의 라이프스타일을 접하고, 나이 들어서 할 수 없는 일에 도움을 받기 위해서라고 생각한다. 물론 이런 요소들도 나보다 어린 친구들과 우정을 쌓음으로써 누릴 수 있는 혜택임은 분명하다. 하지만 무엇보다 생각과 생활 범위를 넓히는 것, 나이나 세대라는 틀에 스스로를 구속시키지 않는 것이 가장 큰 장점이다.

몇 년 전 강연을 하러 어떤 중학교를 방문했을 때 아이들이 나이에 대해 자유로운 사고를 가지고 있다는 사실을 발견하고 놀란 적이 있다. 아이들은 나에게 서슴없이 "형!"이라고 부르며 다가왔다. 그러곤 "아빠가 형 책을 읽었어", "우리 엄마가 형을 되게 좋아해!" 하고 말했다. 내가 아이에게 "너는 어때? 너도 내 책 좋아하니?"라고 묻자 아이는 양볼이 빨개져서는 고개를 끄덕이며 말했다. "그럼, 나도 형 책 좋아하지!"

몇 차례 같은 일이 있고 난 후, 동료들에게서 '세대를 뛰어넘는 작가'라는 소리를 듣곤 한다. 무척 듣기 좋은 말이다. 내 팬을 자처한 아이들 중에는 지금도 연락을 하고 가끔 만나기도 하는 친구가 몇 명 있다. 가끔씩 만나면 마치 오랜 친구처럼 마음을 터놓고 이야기를 나누기도 하는데, 나이를 잊은 채 친구가 되었다는 사실이 너무나도 즐겁고 만족스럽다. '나이'와 '세대'라는 틀을 벗어나보라. 아마 지금까지와는 다른 색깔의 삶이 펼쳐질 것이다.

지난날의 미움은 세월과 함께 흘려보내자

행복한 삶을 위해서 잊어야 할 것은 나이만이 아니다. 서로 아끼고 좋아했지만 미워하고 원망할 수밖에 없었던 지난 기억도 잊어야 한다. 그래야 오롯이 나 자신으로서 행복해질 수 있다.

살아가면서 겪게 되는 무수히 많은 사랑과 원망의 감정들은 세월의 흐름 속에서 서서히 두터운 지혜로 변해간다. 이렇게 마음이 성숙해진

후에 인연이 닿아 서로 만난다면 가슴속에 응어리진 감정들을 풀 수 있다. 내 주변 친구들 중에는 감동적이면서도 안타까운 사연을 지닌 경우가 있었다.

메이메이(가명)는 스물여섯 번째 생일 파티를 보낸 뒤 남자 친구 아광(가명)에게 다른 여자가 있다는 사실을 알게 되었다. 당시 그녀는 이미 임신 4개월에 접어든 상태였다. 따라서 두 사람의 다툼은 갈수록 심해졌고, 결국 힘겨운 마음을 추스르지 못한 그녀는 고향집에 돌아가 출산을 준비하기로 했다. 하지만 몸과 마음의 상처가 너무 컸던 그녀는 결국 유산하게 되었고, 심한 우울증으로 몇 년 동안 치료를 받아야 했다. 이후 서서히 마음을 추스른 그녀는 사람들을 피해 고향에서 조그마한 수공예 가계를 열었다.

그 후 10년의 세월이 지난 뒤 아광은 페이스북을 통해 메이메이의 연락처를 알게 되었다. 성공한 그는 결혼을 해서 행복하고 여유로운 삶을 즐기고 있었다. 하지만 메이메이는 여전히 혼자였다. 그는 먼저 연락을 한 뒤, 출장을 가는 길에 메이메이를 찾아갔다. 이미 중년의 나이에 접어든 두 사람이었지만 만나는 순간 타임머신을 탄 듯 아름다웠던 과거로 되돌아갔다. 마주 보는 두 사람의 눈에서는 눈물이 흘러내렸다. 그는 어떻게 해서도 메울 수 없는 미안한 마음에 회한의 눈물을 흘렸고, 그녀는 오랫동안 누구에게도 털어놓지 못했던 괴로움을 눈물과 함께 모두 흘려보냈다.

성숙하고 이성적이었던 두 사람은 지나간 과거는 훌훌 털어버리고 상대의 행복을 진심으로 빌어주었다. 그들은 이제 서로를 원망하지 않게 되었다. 마음속 깊이 남아 있던 상처가 오랜 세월이 지나 아물게 된다면 과거의 인연도 서로의 행복을 빌어주는 친구로 남을 수 있을 것이다.

물론 시간이 모든 상처를 다 치유해주는 건 아니다. 어떤 상처는 평생 동안 치유되지 못하기도 한다. 하지만 과거의 상처에서 벗어나기로 결심한다면 세월의 흐름 속에서 감정은 서서히 차분해진다. 그러면 자신에게 정말 중요한 일과 불필요한 일이 무엇인지 눈앞에 분명하게 드러날 것이다.

스스로 원망의 굴레에서 벗어나라

반면 다칭(가명)의 경우 창업해서 처음으로 올린 수입 5000만 원을 급하게 돈이 필요하다는 대학 동창에게 빌려줬다. 하지만 1개월 안에 모두 갚겠다고 약속한 친구는 그 뒤 차츰 그를 피하기 시작하더니, 결국에는 완전히 연락을 끊어버렸다. 원래 결혼 자금으로 쓰려던 돈이었기에 다칭은 결혼식마저 미루게 되었고, 이것을 못마땅하게 여긴 신부 부모의 강요에 못 이겨 결국 헤어지고 말았다.

이후 10년의 세월 동안 다칭은 마음속으로 그 친구를 저주하며 제발 불행하게 살길 빌었다. 그러던 어느 날 졸업 20주년을 기념하는 대학 동창회에서 그 친구의 소식을 듣게 되었다. 중풍에 걸려 몸이 마비된 상태로 투병 중이라는 것이었다. 오랜 시간 자신이 퍼부었던 저주가 현실이 된 셈이었지만 그는 조금도 기쁘지 않았다. 오히려 그 일을 계기로 과거를 내려놓는 법을 배웠다.

다칭은 휴가를 이용해 친구를 찾아갔다. 초췌한 모습으로 눈앞에 누워 있는 친구는 여전히 5000만 원을 갚을 능력이 없었다. 오히려 도움이 필요한 상태였다. 다칭은 빌려준 돈은 받지도 못한 채 100만 원을 치료비로 보태주고 돌아왔다. 친구 탓에 큰 돈을 날리고 결혼도 하지 못했지만, 다칭은 모든 걸 내려놓고 진심으로 그를 용서했다. 그리고 다른 사람을 용서하기 위해서는 자신에게도 관대해져야 한다는 사실을 깨달았다. 그 후로 그는 인생에서 극복하지 못할 시련은 없다는 사실을 알게 되었고, 긴 세월 동안 자신을 속박하던 굴레에서 벗어나 소중한 마음의 평화를 되찾을 수 있었다.

노년에 함께 밥 먹을 친구

혼자서 노후를 보내더라도 삶의 마지막 순간을 함께해 주기로 친구들과 미리 약속할 수 있다. 반드시 함께한 추억이 많아야만 서로의 마지막 길을 배웅할 수 있는 건 아니다. 어떠한 목적도 없고 나이도 상관 없는 우정을 맺는다면 백발이 성성한 노년에도 서로의 우정을 지켜갈 수 있기 때문이다. 혼자인 것은 실패도, 패배도, 죄도 아니지만 함께 밥 먹을 사람조차 없다면 무척 슬플 것 같다. 특히 노년이 되면 더욱 그러하다.

대만의 한 시사 잡지에서 '미래의 노후'라는 주제로 웹 영화를 기획했다. 빠르게 증가하는 노령 인구로 인해 달라질 미래의 모습들을 진지하게 다룬 웹 영화들은 사람들의 크나큰 호응을 얻었다. 그중에서도 특히 〈미래의 노후: 친구편〉은 많은 독신 네티즌의 공감을 샀다.

영화는 산속에서 혼자 사는 노인에 대한 이야기를 담고 있었다. 네 명의 자식들은 모두 장성해 교수가 되었거나 해외에 나가 장사를 하고 있고, 노인만 자식들이 모두 떠난 산골 집에서 혼자 살아간다. 그러던 어느 날, 아들과 손자가 멀리서 찾아온다는 소식에 그는 정성껏 맛있는 음식들을 준비한다. 하지만 곧이어 오지 못한다는 전화를 받게 되고, 준비했던 음식들은 주인을 잃고 만다.

이때 창밖의 하늘마저 우중충해지고 노인은 친구를 불러 함께 식사할 계획을 세운다. 하지만 누렇게 색이 바랜 낡은 수첩을 한참 동안 뒤적거려도 함께 식사할 만한 친구를 찾지 못한다. 이내 창밖에서는 비가 쏟아져 내리고, 결국 노인은 부엌 식탁에 앉아 가득 차려진 음식을 홀로 먹는다. 마지막 장면 위로 '인생의 마지막 20년을 함께할 친구가 있습니까?'라는 자막이 흐른다.

평소 떠들썩하지 않은 혼자만의 생활을 즐기는 사람이라고 해도 함께 식사하며 이야기를 나눌 친구는 필요한 법이다. 그러니 우정을 키워가는 데 소홀하지 말아야 한다. 주변 사람들에게 그저 잠시 만났다 헤어지는 방문객으로만 남는다면, 노년의 쓸쓸함을 피해 가기 어려울지도 모른다. 나에게 우정이란 지금 어떤 모습인지 그리고 나는 외로움을 얼마나 즐길 수 있는 사람인지 한번 생각해보자. 노년의 진정한 우정이란 가끔 만나서 이야기하고 식사를 나누지만, 젊은 시절처럼 서로 너무 의존하거나 구속하지 않는 관계이다.

혈연으로 맺어지지 않은 가족

북유럽 국가들의 경우 혼자 사는 노인들과 젊은 사람들이 함께 거주하는 주거 양식이 상당히 보편화되어 있다. 자신만의 독립적인 생활공간이 있고 식당, 세탁실, 독서실처럼 함께 사용하는 공동 생활공간이 마련되어 있는 구조다. 따라서 여럿이 생활하면서도 상대방의 사생활을 침해하지 않는다. 또 집을 가진 노인들의 경우 무료나 아주 적은 월세로 젊은 층에게 방을 빌려주고 집주인과 세입자가 나이와 상관없이 친구가 되어 함께 생활하기도 한다.

시대가 변화하면서 미래에는 더욱 다양한 형태의 새로운 가족 관계가 생기게 될 것으로 예상된다. 그러니 더욱 개방적인 마음으로 다양한 모습의 우정을 받아들일 필요가 있다.

혼자만의 자유를 누리겠다고 자신만의 세계에 갇혀 살아갈 필요는 없다. 언제든 즐겁게 친구와 시간을 보내고, 혼자 돌아와 고즈넉한 시간을 보내자. 함께 즐길 줄도 알고 혼자 즐길 줄도 아는 것! 이것이야말로 아름다운 인생을 살아가는 가장 이상적인 모습이라고 생각한다.

3부 | 친구 얼마나 많아야 외롭지 않을까

등 뒤로 불어오는 바람,
눈앞에 빛나는 태양,
옆에서 함께 가는 친구보다 더 좋은 것은 없으리.
_에런 더글러스 트림블 Aaron Douglas Trimble

우정은
단순해야
한다

우정을 이어가기 위한 원칙

인간관계를 맺거나 사람들과 친구가 되려 할 때는 결국 자신이 마음을 움직여 결정하게 된다. 나이가 들수록 사람은 스스로를 더 정확하게 파악할 수 있다. 자신의 개성과 상대방의 마음뿐만 아니라 세상까지도 더 잘 이해할 수 있게 되는 것이다.

그런데 상대방의 마음을 신경 쓰느라 너무 많은 제약을 받아서는 안 된다. 제약이 생기는 순간, 자유는 제한되고 행복은 줄어든다. 그러므로 내가 원하는 삶을 살기 위해서는 '미움받을 용기'를 가져야 한다. 다른 사람에게 미움받는 것이 두려워 자신의 독립성을 포기하지 말라는 뜻이다. 그렇게 사는 건 더 이상 자신의 삶이 아니기 때문이다. 누군가에게 미움을 받거나 받지 않는 것 역시 내 마음대로 할 수 있는 것은 아니다. 미움받지 않도록 행동을 조심할 수는 있지만, 내가 아무리 조심한다 해도 상대가 나를 미워하면 그것까지 막을 수는 없다. 나이가 들수록 스스로가 더욱 좋아지기 마련이다. 그러니 친구를 사귈 때는 '억지 부리지 않기', '불평 안 하기', '애쓰지 말기' 이 세 가지 원칙을 지켜자.

우정은 억지로 만들어지지 않는다

나는 순진할 정도로 솔직한 성격이었다. 이는 사회생활을 시작하고도 10여 년을 변하지 않았다. 사회에 나왔을 때 마케팅에 대한 열정으로 여러 직장을 옮겨 다니며 다양한 경험을 하면서도 드러나는 감정을 숨기지 않고 하고 싶은 말을 하면서 살아왔다. 지금 생각해보면 무척 당돌한 행동이었고, 많은 사람에게 미움을 받기 딱 좋은 태도였다. 다행히도 상사들은 항상 이런 나를 너그럽게 봐주고 이해해주었다.

당시 나는 '기본적인 도리를 지키지 않는 사람과는 교류하지 않는다'라는 것을 인간관계의 철저한 원칙으로 삼았다. 그럼에도 내가 떳떳하고 진정성 있다면 알아봐 주는 사람들이 있을 것이라 믿었는데, 다행히도 정말 그랬다. 이후 점차 경력을 쌓아 관리자로 승진하게 되었고, 분별력을 가지고 예의 있게 행동해야 할 때가 많아졌다. 이때부터는 다른 사람이 상처받지 않을 정도로만 솔직하게 말하려고 조심했다. 다행히 순진하고 주변 사람 도와주는 걸 좋아하는 성격 덕분에 조화로운 인간관계를 맺을 수 있었다.

중년에 이르니 내 주위의 친구들을 살펴보게 된다. 나는 친구가 많지 않지만, 다양한 직업과 전문성을 가진 사람들이 대부분이다. 또 나이와 성별도 매우 다양하며 '정말 친하다'고 말하기 힘든 친구는 별로 없다.

비록 자주 연락을 주고받지는 못하지만, 우정을 위해 위험을 무릅쓸 수 있는 친한 친구들이다.

지금까지의 인간관계가 성공적이었기 때문인지 나는 내 안목에 자신감을 가지고 있다. 깊은 우정을 나누기 위해서는 상대방을 세심하게 관찰해야 하는데, 잘못 판단하는 경우가 적었다. 그래서 인맥을 넓히는 대신 지금까지의 우정을 소중하게 생각해왔고, 다른 사람에게 배신당할지언정 내가 먼저 배신한 적은 한 번도 없다.

이렇게 나의 인간관계를 이야기하는 것은 자랑하기 위해서가 아니라, 내 경험상 우정을 쌓고 이어가는 데도 각자에게 맞는 방식이 있다는 점을 설명하고 싶어서이다. 그리고 우정에는 '양보다 질'이 중요하다는 점도 알리고 싶다. 이런 방식은 소극적으로 보일 수도 있지만, 달리 생각해보면 나처럼 소극적인 사람도 얼마든지 좋은 친구를 만날 수 있다는 뜻이기도 하다. 평생을 이어갈 우정을 쌓고 싶지만 방법을 모르거나, 그럴 자신이 없는 사람이라면 나의 사례를 보며 자신감을 갖기 바란다.

비위를 맞추기 위해 자신을 낮추지 말자

나는 윗사람들에게 아부를 잘하는 사람이 아니다. 예전에는 태연하게 손바닥을 비비고 아부하는 사람들을 보면, '사회생활을 하자면 저래야 하는데' 하며 그들을 부러워하기도 했다. 하지만 이제 인간관계에서 아부는 오히려 독이 된다는 것을 잘 안다. 초반에는 순간적으로 효과가 있는 듯하지만, 시간이 흐를수록 서로에게 생산적이지 못한 존재라는 걸 깨닫게 되기 때문이다.

인간관계에서는 진실함과 진정성이 가장 중요하다. 이것만으로도 좋은 사람과의 우정을 잘 유지할 수 있다. 나이가 들면 고집스러워진다고 여기기 쉽지만, 마음먹기에 따라서는 오히려 시간이 지날수록 안목은 날카로워지고 세상을 살아가는 데 필요한 융통성이 생긴다.

지인 중에 큰 기업의 중역이 있는데, 그는 사회적 지위로 보나 경제적 능력으로 보나 성공적인 삶을 살고 있다. 특히 인간관계에 있어서는 부러울 만큼 잘 해나간다. 한번은 그에게 인간관계를 잘 맺게 된 핵심 요인이 무엇인지 물었다. 대답은 무척 간단했다. "사람을 볼 때 단점은 미뤄두고 장점만 본다"는 것이었다. 이러한 태도를 보고 배운 후, 나 역시 세상이 다르게 보이기 시작했다.

그에게서 배운 것이 또 하나 있다. 깊은 우정을 나누고 싶은 상대가 아니라면 굳이 나 자신을 낮추면서까지 상대의 결점을 받아들이려 하지 않는 것이다. 친구는 많은 것보다 어떤 친구를 갖느냐가 훨씬 중요하기 때문이다. 그렇게 하니 친구를 가려서 사귀게 되었다. 이후로 나는 인간관계에서 오는 스트레스를 거의 받지 않았다. 왜냐하면 이런 태도는 누군가에게 미움을 받게 되는데, 그런 상황에서는 '어차피 나와 길게 우정을 나눌 상대가 아니니 상관없다'는 마음가짐이 되기 때문이다. 나를 미워하는 사람은 내가 평생 친구로 삼을 일이 없는 사람이므로, 신경 쓸 필요가 없게 되었다.

《오싱》으로 유명한 일본의 시나리오 작가 하시다 스가코는 암으로 남편을 잃은 후, 예전에 남편과 함께 휴가를 보내던 별장에서 오랫동안 혼자 생활하고 있다. 그녀의 삶을 보면 여러 가지를 배울 수 있다. 이전보다 더 풍요롭고 의미 있는 '혼자인 삶'의 표본과도 같은 삶을 살고 있어서다.

새로운 도전과 배움을 두려워하지 않는 그녀는 조금 늦은 41세에 결혼했고, 50세에 수영을 처음 배웠다. 60세에 남편과 사별하고 20년이 넘게 흘렀지만, 지금도 여전히 삶에 긍정적인 영향을 주는 글을 쓰며 자신만의 방식으로 즐겁게 살아가고 있다. 그녀의 모습은 사람들이 귀감으로 삼을 만한 노년의 모습이다.

여기서 그녀의 이야기를 한 이유는 바로 '미움받을 용기'를 가지고 살아가는 삶을 설명하기 위해서다. 하시다 스가코는 자신의 감정을 억누르며 살아가는 일본 문화를 깊이 자각하고 있었다. 그녀는 특히 거짓된 가면을 쓰고 살아가는 모습을 싫어해, 억지로 스스로를 낮추는 선택은 하지 않는다. 친구나 이웃, 친척들에게도 기본적인 예의와 합리적인 의무를 지키는 정도로만 연락을 주고받는다. 또 그녀는 항상 젊은 사람들과 친해지려 하지만, 그렇다고 애써 먼저 호의를 보이지도 않는다.

그녀를 이해하지 못하는 사람도 꽤 있다. 특히나 감정을 억누르는 것을 미덕으로 여기고 겉으로 드러나 보이는 친절을 중시하는 일본 문화에서 그녀의 성격과 삶의 방식은 다소 특이하게 여겨지는 듯하다. 때로 '특이한' 사람은 이유 없이 미움을 받기도 한다. 누구에게도 피해를 주지 않고 살아가는데도 미움받는 일이 있다고 그녀는 말한다. "받아들일 수 있는 건 받아들이고, 억지로 받아들여야 하는 건 재빨리 피해야 한다. 솔직하고 단순하게 생활하는 것이 나는 가장 좋다."

인터뷰에서 스스럼없이 이렇게 말하는 하시다 스가코는 친구를 사귀는 데 중요한 원칙을 잘 알고 있을 뿐만 아니라, 혼자 살아가는 삶에 대해서도 완벽한 자신감과 책임감을 가지고 있는 것 같다.

내가 원하는 대로 사는 삶

우정에 대한 하시다 스가코의 철학을 한마디로 표현하면 '내가 원하는 대로 사는 삶'이다. 그녀는 '멀리 있는 친척보다 가까운 이웃이 낫다'는 식으로 이웃과 친밀한 관계를 유지하기 위해 너무 애쓸 필요는 없다고 말한다. 멀리 있는 친척에게 의지하는 것도 편치 않지만, 그렇다고 가까이에 있는 이웃을 귀찮게 하고 싶지도 않다는 것이다. 또한 어떤 '기대를 품고' 친구를 사귀어서는 안 된다고 강조한다.

미움받을까봐 두려워하는 마음에서 해방되려면, 우선 친구들에 대한 기대를 버려야 한다는 것이다. "귀찮은데도 굳이 친척이나 친구와 관계를 유지하는 이유는 상대방에게 미움받는 게 두렵기 때문이다. 하지만 만일의 상황이 생길 경우 의지하려고 유지하는 관계라면 상대방에게 보답을 받기 위해서가 아닌가?"

내 친구 중에는 하시다 스가코만큼이나 '원하는 대로 사는 삶'을 살아가는 베스트셀러 작가가 있다. 난 20여 년을 알고 지내면서 그녀가 매우 솔직한 사람임을 알게 됐다. 그녀는 자신의 기준에 맞는 친구에게는 상당히 너그럽지만, 친하지 않거나 말과 행동이 일치하지 않는 사람과는 말조차 섞으려 하지 않는다. 그래서 그녀를 싫어하는 사람도 적지 않고, 심지어 모함하기도 한다. 하지만 전혀 신경 쓰지 않는다.

자신이 원하는 대로 살기 위해서는 미움받을 용기를 가져야 한다. 미움받을 용기가 없는 사람은 자기를 좋아하는 사람과 함께 있을 때는 상대를 즐겁게 해주려 애쓰고, 자신을 싫어하는 사람과 있을 때는 상대가 불편해하지 않게 하려고 노력한다. 모두들 인정하겠지만, 그건 너무 피곤한 일이다. 아무리 내가 비위를 맞추려 애써봐야 나를 미워할 사람은 미워하고 떠날 사람은 떠나게 마련이다.

오랜 기간 '아들러 심리학'을 연구해온 일본의 철학자 기시미 이치로岸見一郎는 고가 후미타케古賀史健와 함께 《미움받을 용기》(인플루엔셜)라는 책을 냈다. 거기에 다음과 같은 내용이 있다.

"누군가에게 미움받고 있다면 그건 바로 당신이 자유롭게 살고 있다는 증거이자, 자신의 생활 방침에 따라 살고 있다는 뜻이다."

젊은 시절에는 인간관계에 대한 고민을 더 많이 하게 된다. 심지어는 '내가 너무 이기적인 건 아닐까?' 하고 걱정하는 경우도 있다. 그런 고민을 가지고 있을 때 서점에서 '미움받을 용기'란 제목을 본다면, 순간 잘못을 용서받은 기분에 안도의 한숨을 쉬면서 책을 집어들 것이다. 그러곤 인간관계의 고민을 해결할 답을 찾았다고 생각할 수 있다. 하지만 그 책을 자세히 읽어보면 작가가 '미움을 받는' 행동을 정당화하지 않는다는 걸 알게 된다. 단지 독자들에게 자신에 대한 주도권을 되찾으라고 일깨워주고 있다. 상대방의 비위를 맞추려 애쓰거나 다른 사람의 보답을 기대하는 인간관계에서 벗어나야 한다는 뜻이다.

《미움받을 용기》에서는 '다른 사람의 기대를 만족시키기 위해 자신의 삶을 그의 방식에 맞추는 것은 자신이나 주변 사람들에게 모두 진실하지 못한 삶의 자세'라고 말한다.

보답을 기대하거나 다른 사람이 나를 좋아해주기를 원하다 보면 상대방의 행동과 생각에 개입하게 되는데, 이는 아무런 가치가 없는 행위이다. 특히 안 좋은 경우는, 상대방을 도와주고자 너무 깊이 개입할 때다. 순수하게 도와주고 싶은 마음보다는 지금 도와주지 않으면 상대가 미워하게 될 것 같아서라면 그걸 상대방도 무의식중에 느낀다. 또, 이런 심정으로 도와주다 보면 심리적으로 너무 깊이 개입하기도 한다. 그러다 보면 주객이 전도되어 오히려 자신이 생각하는 대로 상대방이 움직여주지 않으면 실망하고 만다. 목마른 말을 우물까지 데려다 줄 수는 있어도 억지로 물을 마시게 할 수는 없음을 깨달아야 한다. 특히 자신의 기대에 상대방까지 끼워 맞추려 하는 건 어리석은 일이다.

나에게는 독립성, 상대에게는 존중

누구나 다른 사람에게 인정받으려 애쓰기도 하고, 친구를 만들기 위해

호감을 얻으려 노력한 적도 있을 것이다. 하지만 중년이 되거나 어떤 계기로 '두 번째 인생'을 계획하는 순간부터는 인간관계를 맺는 방식이 새롭게 바뀌기 시작한다. 즉 '너무 친밀한 관계'와 '너무 무심한 관계'의 사이에서 균형을 찾게 된다.

다소 이기적으로 보이더라도 자신이 원하는 대로 행동하는 것과 상대에게 맞추기 위해 스스로를 낮추는 모습 중 무엇이 항상 옳다고 할 수는 없다. 단, 선택의 기준은 '새로운 삶을 살아갈 때 어떤 모습이기를 원하는가?'라는 질문 속에 있다.

나이가 들수록 스스로를 너무 아끼느라 다른 사람은 안중에도 없이 행동하거나, 남들이 자신을 대접해야 한다는 착각에 빠지지 않도록 주의해야 한다. 나는 항상 새벽에 수영하는 습관이 있다. 그런데 수영장에 갈 때면 종종 나이가 많다는 이유로 안하무인으로 행동하는 노인들과 마주치곤 한다.

물론 대부분의 노인들이 시설물을 깨끗하게 사용하고 규칙을 잘 지키지만 몇몇 사람들은 벽에 붙은 문구를 무시하듯 마치 자신의 집인 것처럼 마음대로 행동한다. 씻지도 않은 더러운 몸으로 수영장에 들어가고, 나온 뒤에는 의자에 앉아 수영장이 쩌렁쩌렁 울릴 정도로 큰 소리로 떠든다. 또 모두가 함께 사용하는 드라이기로 무좀이 있는 발을 말리기도 한다. 관리자가 몇 번이고 주의를 줘도 이들은 전혀 고치려 하지 않는다. 이런 이들은 '미움받을 용기'를 가진 것이 아니라 '공공의 적'이 되는 길을 택한 것일 뿐이다.

'친구는 양보다 질이 중요하다'와 '일부러 자신을 낮추지 않는다'는 원칙을 가지고 지켜온 소중한 우정은 정말 잘 간직해야 한다. 나에게는 '나이를 잊고 사귄' 70대 친구가 하나 있었다. 그는 나에게 "늙으면 노후 자금, 배우자, 오래된 친구, 늙은 강아지가 필요하다"고 말했다. 당시 젊었던 나는 노년의 외로움을 어렴풋이 짐작할 뿐 세월의 풍파를 거친 노후의 삶이 어떤 의미인지 정확히 알지 못했다.

어린 시절에 '올드 블랙 조$^{Old\ Black\ Joe}$'란 노래를 들으며 세상을 알지도 못하면서 괜스레 울적해졌던 기억이 있다. 미국의 작곡가 스티븐 포스터$^{Stephen\ Collins\ Foster}$가 지은 이 노래의 가사에는 이런 내용이 있다. "즐겁던 젊은 날들을 모두 지나가 버리고, 오래된 내 친구도 사라졌네. 세상을 떠나 천국으로 갔다네. 얼마 남지 않은 인생에 사방을 둘러봐도 나 혼자밖에 남지 않았네. 옛 친구들이 부르는 소리가 들리네. 올드 블랙 조… 나도 가리라. 곧 가리라. 멀지 않은 곳에서 나를 부르는 소리가 들리네. 올드 블랙 조라고."

아버지가 세상을 떠난 후 나는 슬픔을 덜어드리고자 어머니에게 아버지의 오래된 친구분들을 만나게 해드렸는데 도움이 되었다. 친구분들과 아버지에 대해 이야기하면서 어머니는 많은 위안을 얻으셨다. 하지만 10여 년이 지나는 동안 그분들은 차례차례 세상을 떠나셨고, 남은 분들도 거동이 불편하거나 침상에 누워 지낼 만큼 연로해져 자주 만날 수 없게 되었다. 그럼에도 어머니와 친구분들은 여전히 우정을 이어가며 설날이나 명절이 되면 전화로 서로의 안부를 확인하신다. 간단하면서도 일상적인 한 통의 전화가 깊은 의미를 지닌 삶의 의식이 되었다. 서로 "나 아직 살아있어! 자네는 어때?"라고 안부를 물으며 지금 이 순간을 더욱 소중히 생각하는 것이다.

세상에서 가장 귀한 보물 '오래된 친구'

누군가와 사이가 틀어진 사람들을 상담해주다 보면 이런 말을 자주 듣는다. "그때 그런 식으로 나오지만 않았어도 내가 이러지는 않을 거야." 하지만 이런 원망은 모두 자신의 책임을 회피하기 위한 변명일 뿐이다. 손바닥도 마주쳐야 소리가 나는 법. 인간관계 역시 서로 소통하며 이루어진다. 어떠한 인간관계를 맺으려 하건, 어떠한 사람들과 친구가 되려 하건, 상대방과 관계를 이어가려면 결국 자신이 마음을 움직여 결정하기 마련이다. 그러므로 친구는 자기 내면에서 필요로 하는 부분들을 반영하는 셈이다.

스스로 마음의 벽을 쌓지만 않는다면, 나이가 들수록 자신을 더 정확히 파악할 수 있다. 또한 상대방의 마음뿐만 아니라 세상까지도 더 잘 알게 된다. 나 역시 나이가 들면서 알게 된 것 중 하나가 바로 '우정은 담백해야 한다'는 점이다. 담백하지 않은 우정은 오래가기 어렵다.

《예기禮記》에는 "군자의 사귐은 물과 같고 소인의 사귐은 맛 좋은 술과 같다. 군자는 물과 같이 담담하게 관계를 이루는 반면, 소인은 술처럼 달달하기 때문에 관계가 깨진다"라는 구절이 있다. 여기에는 우정에 대한 깊은 철학이 담겨 있다. 바로 '적절하고 분별 있게 행동해야 한다'는 것이다. 우정을 맺는 과정에서 신중하게 행동해야 관계가 무르익은 후에 서로 자유롭게 정을 쌓아갈 수 있다. 담백한 우정은 끊어지지 않고 수십 년을 이어지면서 뜨거운 우정 못지않게 서로에게 큰 힘이 되어주기도 한다.

나는 어느 출판사가 개최하는 새해 파티에 참석한 적이 있다. 이미 팔순이 된 출판사 사장이 저녁 파티의 마지막 이벤트를 아주 정성껏 준비한 뒤 손님들을 초청한 자리였다. 술잔이 세 번 정도 돌았을 무렵 갑자기 감미로운 노랫소리가 들리더니 작은 무대가 펼쳐졌다. 대학교 총장인 사장의 친구가 자신의 아내를 위해 노래와 영상을 준비한 것이다. 평생 헌신적이었던 아내에게 고맙다는 말 한번 제대로 하지 못한 것을 마음에 걸려 하던 친구를 보고, 출판사 대표가 마련한 자리였다.

그날 모임이 끝나고 집으로 돌아온 뒤에도 그 순간의 감동은 오래도록 사라지지 않았다. 팔순이 되도록 이어온 백발의 두 친구의 우정, 그 시간만큼이나 깊이가 있고 아름다웠다.

3부 친구 얼마나 많아야 외롭지 않을까

나를 미워하는 사람이 주변에 한 명도 없다면
그 사람은 부자유한 인생을 살고 있다는 증거이다.
그러므로 누군가에게 미움을 받고 있다면
자유롭게 살기 위해 치러야 할 대가라고 생각하자.
_기시미 이치로

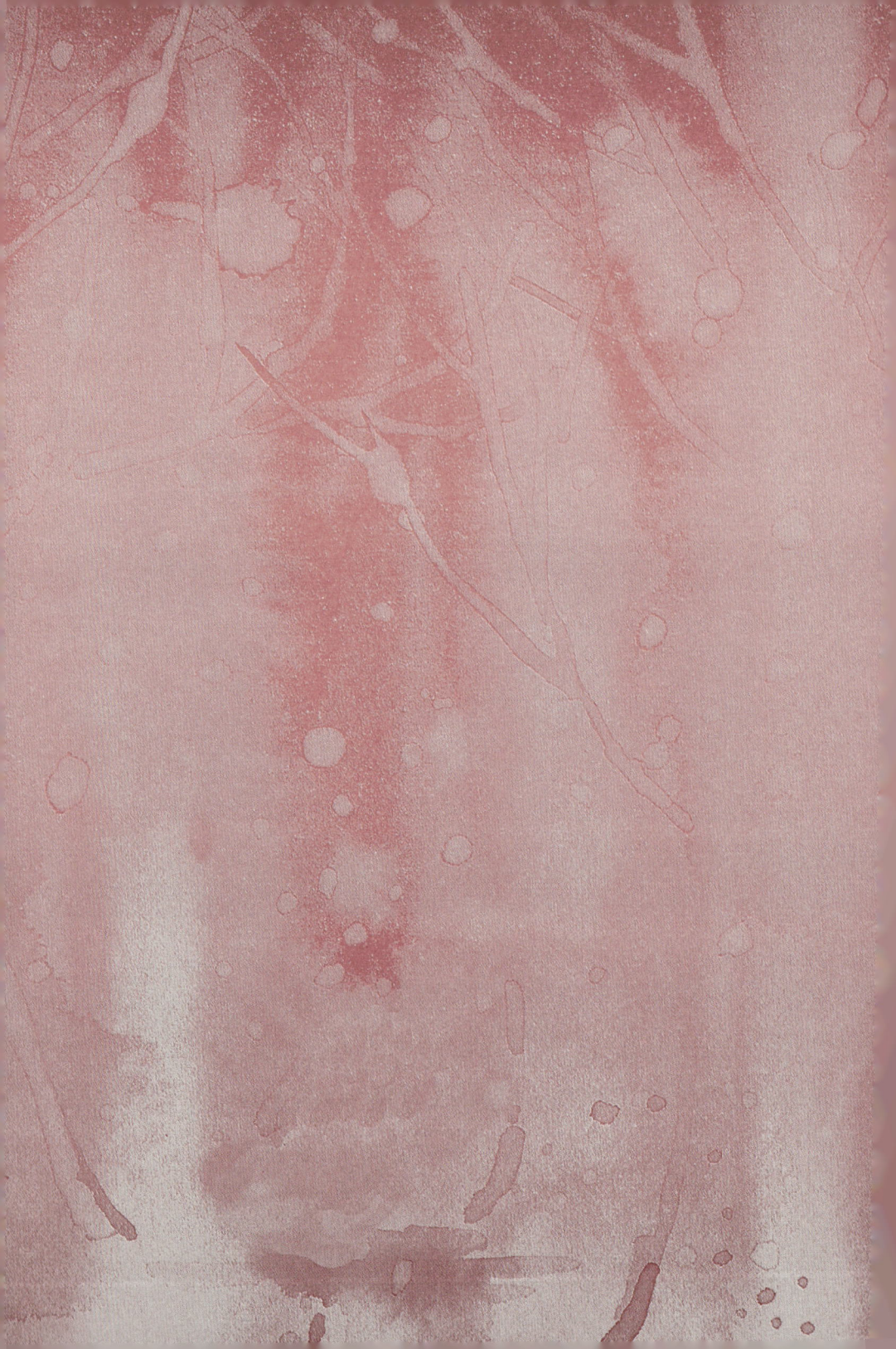

두 번째 인생을 맞이하는 자세

Part 4

혼자 되기
연습

4부 ― 두 번째 인생을 맞이하는 자세

홀로 맞이하는 새로운 인생

사람들은 대개 중년이라고들 하는 나이에 접어들거나 퇴직을 앞두고 있는 경우만을 '두 번째 인생'이라 여긴다. 그래서 그 시기가 다가와야 새로운 인생을 준비하려 하는데, 내 생각은 좀 다르다. 새로운 인생이란 결국 누구나 혼자임을 자각하고, 혼자 살아가는 삶을 시작하는 것이다. 그러므로 일찍 준비할수록 좋다. 사회생활을 시작하는 20대부터 차분히 계획을 세운다면, 그 순간부터 더 이상 어리석은 삶을 살지 않을 수 있다. 그래서 때가 됐을 때 오히려 자유롭고 넉넉한 마음으로 제2의 인생을 시작할 수 있다.

혼자인 삶을 즐기는 방법 중 하나는 자신의 재능을 사람들과 공유하며 세상에 기여하는 것이다. 누구나 나이가 들수록 노하우가 쌓이고 자신만의 독특한 견해가 생겨난다. 그렇기에 자신이 배우고 익힌 것, 경험한 것을 나누겠다는 생각은 매우 바람직하다.

물론 자신의 의견만을 고집하거나 다른 사람의 말을 무시해서는 안 된다. 다른 사람을 너무 쉽게 판단하고 단정하는 게 습관이 되면 혼자인 존재로서 당당히 살아가는 삶이 아닌 '타인에게 외면당해 혼자가 되는' 삶으로 변질될 수도 있다.

풍경조차 스마트폰으로 보는 시대

최근 몇 년 동안 스마트폰이 급속도로 빠르게 보급되면서 사람들은 주로 모바일 통신으로 소통하기 시작했다. 덕분에 혼자 있어도 자신의 기분과 생각을 언제든 자유롭게 이야기하게 되었다. 하지만 이 때문에 손바닥만 한 스마트폰 액정 안에 갇힌 채 소통하려는 경향도 늘고 있다. 혼자서 차를 타고 갈 때도 창밖의 풍경들을 보지 못하고, 내려야 할 정거장을 간혹 지나치기도 한다. 심지어 횡단보도를 건널 때도 스마트폰을 들여다보느라 사고가 난다.

지하철을 타면 고개를 숙이고 스마트폰을 들여다보는 사람들로 가득하다. 작은 화면에 시선을 고정한 채 다른 사람이 먹고 노는 모습을 지켜보면서 '좋아요'를 누른다. 그렇게 우리는 자연의 풍광조차 직접 보지 않고 액정을 통해서 보는 데 익숙해졌다. 어쩌면 삶의 공백을 메우기 위해 자신도 모르는 사이에 스마트폰 속 세상에 의지하고 있는 것이다.

2014년에 열린 '내셔널 지오그래픽 국제 사진공모전'에는 전 세계 각지에서 150명의 작가들이 무려 9200장이 넘는 사진을 응모했다. 대상으로는 '사람' 부문에 응모한 홍콩 작가 브라이언 옌Brian Yen의 〈어둠 속

빛의 교차점$^{\text{A Node Glow in the Dark}}$〉이라는 작품이 선정됐다. 이 작품은 사람들로 붐비는 지하철 안에서 스마트폰을 보고 있는 한 여성에게 초점을 맞춘다. 작가는 지하철 안 배경을 어둡게 처리해 스마트폰 액정의 불빛을 통해 비춰지는 여성의 얼굴 표정을 도드라지게 표현했다. 사람들이 바쁘게 움직이는 공간에서도 우리는 스마트폰을 통해 순식간에 다른 공간으로 갈 수 있다는 것을 말해준다.

《내셔널 지오그래픽》과의 인터뷰에서 작가는 이렇게 설명했다.

"이 사진을 찍고 나서 사실 마음속으로 많이 갈등했습니다. 과학기술로 인해 인간은 분명 더욱 자유로워졌지만, 또 한편으로는 더 이상 주변 사람들과 대화하고 다가설 필요가 없게 되었기 때문입니다."

물론 혼자 있다고 해서 반드시 낯선 사람과 뒤섞이고 이야기를 나눠야만 하는 것은 아니다. 하지만 이때 '고개를 숙이고 스마트폰을 들여다보는 것'이 유일한 선택이라면 혼자서 외로움을 해결할 줄 모르는 셈이다. 바꿔 말하면 혼자 있을 때 외롭다는 사실을 직시하거나 해결할 능력이 없기 때문에 스마트폰과 SNS, 메신저 등에 의지해 공백을 메우려 하는 것이다.

SNS나 메신저에 의존하는 사람은 갈수록 많아지고 있다. 정부 기관이나 기업에서도 업무 소통 수단으로 사용하고 있다. 나는 이런 현상을 보면서 스마트폰에 의지해 소통하는 세대들을 '의존하는 세대'라고 표현하면 잘 어울리겠다는 생각을 했다. 과연 메신저를 통해 소통하는 우리는 서로의 감정을 깊이 공감하고 있을까? 과연 더 효율적으로 소통하고 학습과 업무의 질이 높아진 걸까? 어쩌면 메신저에 의존해서 이루어지는 사람들의 관계는 점점 더 '메신저 안에서만 이루어지다'가 결국 '메신저 없이는 이루어질 수 없게' 되지는 않을까? 어느 날 갑자기 아무도 나에게 메시지를 보내지 않는다면 순식간에 마음을 의지할 곳을 잃어버리게 되지 않을까? 만약 스마트폰도 인터넷도 없는 상황에서 혼자 있게 된다면 그 시간을 오롯이 즐길 수 있을까?

마이클 해리스는 《부재의 종말 The End of Absence》에서 인터넷 시대의 소통과 사고방식에 대해 신중히 바라볼 필요가 있다고 지적하며 이렇게 말한다. "파피루스, 인쇄술에서 트위터에 이르기까지 매번 혁신적인 과학기술이 보급될 때마다 우리는 새로운 것에 열광하며 기존의 것을 과감히 버렸다." 책에서 그가 주장한 내용의 일부를 요약하면 다음과 같다.

'오늘날 전 세계 인터넷 사용량은 10년 전보다 5배 가까이 증가했다. 유튜브 YouTube의 통계 수치에 따르면 이용자들은 1분에 약 100시간 분량의 동영상을 올리고 있다. 이는 다시 말하면 우리가 날마다 10년과 같은 시간을 보내고 있다는 뜻이다. 반면 미국의 한 조사에 따르면 18~64세의 사람이 SNS를 사용하는 데 매일 2~3시간을 소비하는 것으로 나타났다. 사람들은 맛있는 음식 사진을 인스타그램 Instagram에 올리는 걸 음식을 먹는 것보다 더 중요하게 생각한다. 이처럼 우리는 인터넷 안에서 만들어진 가상의 모습을 통해 실제 자신의 모습을 가리려 한다.'

스마트폰과 메신저에 기대어 살아가는 경향이 있다면 자신이 스마트폰과 인터넷이 없이도 인생을 즐길 수 있는지 진지하게 고민해보았으면 한다.

혼자서도 잘 살아가는 능력

'두 번째 인생'을 위한 계획은 혼자 생활하는 법을 배우는 것부터 시작한다. 이미 설명한 것처럼, '혼자'란 단순히 결혼의 유무나 일정한 연령을 기준으로 하지 않는다. 다음의 세 가지 조건을 보고 자신에게 필요한 부분과 알아야 할 것들을 파악해보자.

첫째, 혼자 생활할 수 있는 능력을 갖춰야 한다.

안정된 경제력과 기본적인 조건을 충족할 수 있는 생활수준을 갖추어야 한다는 뜻이다. 또한 마음을 털어놓을 상대가 있으며, 자신이 원할 때 혼자 쇼핑하고 여행을 즐길 수 있는 능력을 가져야 한다.

둘째, 혼자서도 삶을 즐길 줄 알아야 한다.

혼자가 되는 게 두려워 함께할 사람을 찾아 정처없이 헤매거나 반대로 괴팍하게 굴면서 고립되어서는 안 된다. 또 관계를 유지하기 위해 무턱대고 자신을 낮추며 애써 다른 사람의 비위를 맞추려 해서도 안 된다. 정말 즐거워서 혼자임을 만끽하는 상태가 되어야 한다.

셋째, 자신만의 독립적인 견해를 가져야 한다.

풍부한 경험이나 전문적인 능력을 통해 조류에 휩쓸리지 않는 자신만의 독립적인 생각을 갖추어야 한다. 누군가에게 옳다고 인정받거나 상대방이 틀렸다고 평가할 필요 없다. 자신만의 사고로 세상을 읽고 해석할 능력을 갖추어야 세파에 흔들리지 않는다.

일본의 사회학자인 우에노 치즈코上野千鶴子가 쓴《싱글, 행복하면 그만이다》(이덴슬리벨)는 출간 당시 미래에 대한 통찰력으로 상당한 반향을 일으키며 순식간에 베스트셀러에 올랐다. 그 영향으로 '5064세대의 미래'에 대한 토론이 활기를 띠기도 했다. 책에는 "결혼을 하건 안 하건 언젠가는 혼자가 된다"라는 내용이 있는데, 이 말은 많은 사람에게 충격을 주었다.

이 책은 아시아에서 가장 빠르게 노령 사회로 진입하고 있는 일본의 현실을 그대로 반영한 것으로, 일본에 이어 노령화 속도가 세계 2위인 한국에서도 특히 눈여겨봄직하다. 또 여성이 남성보다 수명이 길다는 점과 독신이나 이혼하는 여성들이 증가하고 있는 현실에 맞춰, 필요한 견해를 독자들에게 제시하고 있다. 사실 변화를 인정하고 자신의 미래를 준비하는 자세는 남녀노소 모두에게 필요하다.

사람은 혼자 생활하는 것을 넘어 혼자서도 즐겁게 살아갈 수 있어야 한다. 사실 '혼자'라는 말은 부정적인 단어가 아니다. 영어의 Alone은 All과 one이 결합된 단어로, 혼자 있는 상태를 가리킨다. 그러므로 Alone을 뜻하는 혼자인 상태에서 굳이 'Lonely'를 느낄 필요는 없다.

《싱글, 행복하면 그만이다》에는 "당신 영혼의 안식처는 바로 혼자 있어도 외롭지 않은 곳이다"라는 말이 나온다. 반면 나는 어디든 영혼의 안식처가 될 수 있다고 생각한다. 새롭게 시작한 인생에서 언제 어디서든 혼자서 즐겁고 자유로울 수 있다면, 그곳이 바로 영혼의 안식처인 셈이다.

이것은 올바른 자기 긍정 방식이 된다. 만약 모든 사람들이 다 부족하고 못마땅하게 보인다면 잘못된 자기 긍정 방식을 가지고 있다는 경고음으로 생각하라. 자신이 무심코 내뱉는 말들에 한번 귀를 기울여보자. '옛날에는 말야', '요즘 젊은 사람들은', '어린 것이' 같은 말을 자주 한다면 마음이 이미 늙었다는 증거다. 즉 인간관계가 협소해지고 있다는 뜻이다.

혼자가 되는 연습을 하는 이유는 혼자서 즐겁게 생활하는 능력을 기르기 위해서다. 그렇다고 이 세상에 나 혼자만 있는 것처럼 고립된 생활을 해서는 안 된다. 스스로를 고립시키는 것이 혼자인 삶을 유지하는 이유는 아니기 때문이다.

건강보다 중요한 것은 없다

젊은 시절에도 그렇지만, 특히 나이가 들수록 건강보다 중요한 것도 없다. 생활, 식사, 운동이 모두 균형 잡힌 규칙적인 생활을 통해 자신의 몸과 마음을 잘 다스려야 한다.

노년을 혼자 보내야 한다면 사람들이 가장 크게 걱정하는 것이 몇 가지 있다. 우선 생활비가 부족하면 어떻게 하나, 곁에 아무도 없을 때의 외로움은 어떻게 해결해야 할까, 만약 큰 병에라도 걸리면 누가 도와줄까 하는 것이다. 그런데 여기서 건강은 돈이나 물질적인 것보다 더 걱정되는 요소다. 돈이 많다고 죽을 때 짊어지고 갈 것도 아니고, 내 몸이 아프면 억만금이 있다 한들 무슨 소용이겠는가?

서점에 가보면 새로운 인생을 시작할 때 참고할 만한 정보로 의료, 건강, 운동 등을 주제로 한 책들이 많이 있다. 인터넷에도 건강에 관한 정보가 수없이 올라오지만, 검증되지 않은 것이 많아 추천하지는 않는다. 중요한 것은 건강을 유지하려면 기본적으로 정해진 규칙을 지키고, 균형 잡힌 올바른 습관을 길러야 한다는 점이다.

식습관의 경우를 보면 규칙적으로 식사하되 포만감이 느껴지지는 않을 정도, 그러니까 배가 70% 정도 찼다 싶은 만큼만 섭취하는 게 가장 이상적이라고 알려져 있다. 이때 좋아하는 음식과 싫어하는 음식을 가리지 않기 위해 절반씩 섞어 먹으려고 노력해야 한다. 집보다 밖에서 사 먹는 경우가 많다면 늘 같은 식당만을 이용하거나 좋아하는 음식만 골라 먹어선 안 된다.

오랜 기간 부모님을 모시면서 좋아하는 음식 때문에 건강을 해칠 수도 있다는 사실을 알았다. 쉽게 말해 단 음식을 좋아하는 사람 중엔 당뇨병 환자가 많고, 기름지고 자극적인 음식을 좋아하는 사람 중엔 고혈압 환자가 많으며, 해산물을 좋아하는 대식가들 중에는 콜레스테롤 수치가 높은 사람이 많다. 그러니 자신의 체질을 반영해 식단을 짜두고 건강을 관리해야 한다.

폭식은 금물, 근력운동은 필수!

20년 넘게 라디오 프로그램을 진행하면서 많은 전문가들과 인터뷰를 했다. 그중에는 영양학자나 의사도 다수 포함되어 있었다. 그들은 자신의 전공 분야에 따라 서로 관점이 달랐지만, 최소한 식습관에 대해서만큼은 공통된 견해를 가지고 있었다. 바로 '유전적으로 만성 질병을 물려받았다고 굳이 음식을 가려 먹을 필요는 없지만, 폭식은 조심해야 한다'는 것이다.

맛있는 음식을 조금씩 먹는 식습관은 마음을 닦고 몸을 아끼는 좋은 방법이다. 올바른 식습관과 함께 적절한 운동도 해야 한다. 다이어트를 하는 경우엔 특히 규칙과 균형이 중요하다. 만약 규칙적이고 균형 잡힌 식사를 하지 않는다면 운동을 많이 해도 효과를 보기 힘들다.

종종 "물만 먹어도 살이 찐다"고 말하는 사람이 있는데, 이는 다이어트를 실패한 것에 대한 핑계일 뿐이다. 내 주변을 둘러봐도 의지를 가지고 시도한 사람은 모두 효과를 봤다. 다이어트는 식이요법과 꾸준한 운동을 이어가야 효과가 있기 때문에, 금방 포기해버리면 그동안의 노력은 물거품이 되고 만다. 결국 실패한 사람들만이 이런저런 핑계를 찾게 된다. 만약 당신이 매번 다이어트에 실패했다면, 듣기 싫더라도 이렇게 말할 수밖에 없다. "더 이상 핑계 대지 말고 의지를 가지고 꾸준하게 규칙적으로 다이어트를 해라. 함께일 때보다 혼자일 때야말로 자신을 더 철저히 아끼고 사랑하며 관리해야 한다."

나이가 들수록 격렬한 운동은 피해야 한다고 생각하기 쉬운데, 이것은 고정관념일 뿐이다. 이러한 생각 때문에 많은 사람이 유산소운동만 하려 한다. 게다가 달리기는 무릎을 상하게 한다고 생각해서 주로 '빨리 걷기'를 택한다. 사실 모든 운동은 위험성을 가지고 있다. 그러니 어떤 운동을 하느냐가 아니라 얼마나 '올바른 방법으로 하느냐'가 중요한 것이다.

어떤 운동이든 정확한 자세로 일정 시간 꾸준히 해나가야 한다. 잘못된 방법으로 했다가는 몸에 무리가 갈 수 있어, 가능하면 초반에는 전문가의 도움을 받기를 권장한다. 여기서 주의해야 할 사항! '유산소운동만' 하는 것은 소용이 없다. 나이가 들수록 근력도 매우 중요하다. 소위 말하는 '몸짱'이 되라는 이야기가 아니다. 근력이 떨어지면 신체 활동력도 감소해 쉽게 다칠 수 있다. 이를 방지하기 위해서라도 근력운동은 필요하다는 이야기이다.

근력을 기르겠다고 굳이 피트니스 센터에 가거나 무거운 바벨을 집에 두고 무리해서 운동할 필요는 없다. 집에서 TV를 볼 때 또는 회사에서 점심 먹고 잠깐 짬이 났을 때마다 의자에 앉아 할 수 있는 운동도 많다. 30초마다 발을 바꿔 가며 다리를 들어 올린다거나 팔굽혀 펴기를 하는 것만으로도 충분하다. 단, 올바른 자세로, 매일 꾸준히, 하루에 최소 10분 이상 해야만 효과가 있다.

마음의 건강도 소홀히 해서는 안 된다. 노년에는 쉽게 우울증이 찾아오므로, 이를 예방하기 위해 평소 자신의 감정 상태와 스트레스를 관리해야 한다. 누구나 즐겁지 않을 권리가 있지만, 그렇다고 너무 오랫동안 즐겁지 않은 상태로 있어서는 안 된다. 다시 즐거워져야 할 의무가 우리에게는 있다.

대부분 질병은 마음으로부터 비롯된다. 스트레스가 지나치면 병에 걸리는 법이다. 만약 오랫동안 우울한 상태였다면 그 기분에 빠져 있지 말고 기분을 전환할 방법을 생각해보자. 규칙적인 운동, 종교, 동호회 활동 등 여러 방법이 있다. 내가 추천하고 싶은 방법 중에서 가장 간단하면서도 효과적인 방법은 운동이다. 나는 짜증이 나거나 피곤할 때, 또는 심적으로 위축되거나 화가 날 때 하천을 따라 40분 정도 천천히 달린다. 그날그날의 컨디션에 따라 속도를 조절하는데, 어쨌든 달리고 나면 온몸이 땀으로 흠뻑 젖는다. 그렇게 땀을 한 바가지 쏟고 나면 불쾌했던 기분들도 모두 날아가 버린다. 운동이야말로 몸과 마음의 건강을 되찾는 최고의 방법인 것 같다.

만약 다양한 방법을 시도해도 기분이 좋아지지 않는다면, 또는 심한 불면증에 시달리거나 감정을 통제하기 어렵다면 전문가에게 상담을 받아보자. 아직도 많은 사람이 '정신과 진료'를 꺼리는 경향이 있는데, 그럴 필요 없다. 뼈와 관절이 불편하면 정형외과를 찾아가고 장기에 이상이 있으면 내과를 찾아가는 것처럼, 마음이 아프고 힘들면 당연히 정신과를 찾아가야 한다. 의사의 처방이나 심리 상담은 마음을 안정시키는 데 도움이 된다. 하지만 완전한 해결책은 자신만이 가지고 있다. 아무리 좋은 처방과 조언도 스스로 거부하거나 의지를 가지고 해나가지 않으면 의미가 없다.

마지막까지
행복하게
할 일 찾기

4부 │ 두 번째 인생을 맞이하는 자세

삶을 더 행복하게 만드는 일에 도전!

'진정한 즐거움을 찾는 일'은 젊은 사람들이나 하는 거라고 말하는 사람들이 많지만 나이와 상관없이 모두에게 필요하다고 생각한다. 오히려 나이가 들수록 자신이 정말 좋아하는 것이 무엇인지 알 필요가 있다. 이것은 '두 번째 인생'에 대한 준비나 퇴직 이후의 삶에 대한 계획 이상의 의미를 지닌다. 혼자일 때도 외로워하지 않고, 언제나 열정과 활력을 가지고 살아갈 수 있기 때문이다.

어떤 이는 지금까지 살아오면서 무언가 배워서 취미로 삼아야겠다는 생각을 하지 못했을지도 모른다. 취미가 밥 먹여주는 건 아니다. 하지만 중년 이후의 취미는 혼자 살아가는 삶을 더욱 아름답게 만들어준다. 더구나 마음이 맞는 친구들을 만날 수 있게 해주고 삶을 더욱 풍요롭게 가꿔준다. 재미있는 일을 배우며 즐거움을 느꼈다면 다음으로 더 높은 목표를 세워보자. 재미있는 일을 배우는 단계에서 더 나아가 어려운 임무에 도전해보는 것이다. 나이를 신경 쓰지 않고 용기와 능력으로 자신만의 안전지대에서 벗어난다면 삶이 더욱 행복해진다.

내 삶의 진정한 즐거움

친구 중에서 잘나가는 사업가의 길을 포기하고 자신이 하고 싶은 일을 찾아 떠난 이가 있다. 서른이 채 되지 않은 나이에 사업을 시작해 승승장구하던 그는 머지않아 부와 명예를 모두 거머쥘 사람으로 보여, 많은 사람이 부러워했다. 그런 친구가 어느 날 사업을 접겠다고 선언하자 모두들 깜짝 놀랐다. 그가 택한 삶은 뜻밖에도 음악을 만들고 가르치는 일이었다. 마흔을 갓 넘긴 나이에 완전히 새로운 분야에 도전한 그를 두고 '사업으로 돈을 많이 벌었으니 할 수 있는 행동'이라고 말하는 사람도 많았다. 어쩌면 그 말이 맞을 수도 있다. 하지만 내가 아는 친구라면 돈이 없었더라도 기꺼이 그 길을 택했을 것 같다.

생각해보면 정말 많은 사람이 돈은 이미 충분히 가지고 있음에도 한 푼이라도 더 버는 데 목을 맨다. 대부분의 사람에게 돈이란 '만원이라도 더 있으면 좋은 것'이기 때문이다. 이 친구는 자신이 그러려고만 했다면 지금보다 훨씬 많은 돈을 벌 수 있었을 것이다. 그것도 새로운 도전 없이 해오던 일을 그대로 하면 되는 안정적인 방법으로 말이다. 그런데도 모든 기회를 접고 새로운 도전을 한 친구에게 박수를 쳐주고 싶다. 최근에 그는 대학교에서 학생들에게 작사와 작곡을 가르치면서 다양한 음악 활동을 꾸준히 하고 있다. 간혹 작은 콘서트도 열어서 가끔 초대를 받아 음악을 감상하기도 한다.

그는 명예와 이익에 연연하지 않고 두 번째 인생을 남들보다 더 빨리 준비하고 시작한 경우이다. 이제 50대가 되었지만 여전히 새로운 도전을 멈추지 않고 있다. 가수, 작곡가에서 최근에는 인터넷 매체에까지 관심 분야를 꾸준히 넓혀가더니 학교에서 디지털과 과학기술을 결합하는 방식에 대해 강의하고 있다.

대학에서 그의 전공은 놀랍게도 화학공학이었다. 하지만 그와 관련이 없는 분야의 사업에 뛰어들어 성공했고, 다시 새로운 분야인 작곡과 공연에서도 재능을 인정받고 있다. 나는 머리가 하얀 노신사가 되어서도 여전히 새로운 곡을 창작하고 공연하는 그의 모습을 눈에 그려본다.

일찍부터 자신이 정말 좋아하는 게 무엇인지 알 수 있다는 건 정말 행복한 일이다. 대부분의 사람들은 그것을 찾지 못해 반평생을 헤매거나, 생계를 위해서 또는 집안의 기대 때문에 좋아하는 걸 포기하기도 한다. 그러고는 중년이 되어서야 겨우 용기를 내어 자신이 정말 좋아하는 걸 찾아 나선다.

만약 지금까지 원하는 것을 뒤로 미루고 살아왔다면 앞으로는 당신이 원하는 삶을 살아라. 어차피 세상은 누구나 혼자라고 하지 않았는가. 다른 사람의 기대를 충족시키느라 원하는 것을 접어두고 살기에는 인생이 너무 짧다.

열정을 되찾으면 노년이 아름답다

앞서 말한 음악가 친구의 콘서트를 보러 간 자리에서 기타 선생님을 만나게 되었다. 나는 사실 고등학교 때 클래식 기타를 배운 적도 있고, 평소 기타 연주에 관심이 많았다. 그걸 눈치 챈 선생님이 나에게 다시 기타를 배워볼 생각이 없느냐고 물었고, 단번에 그러겠노라 답했다.

나의 기타 선생님은 젊은 여자분으로, 영국에서 클래식 기타로 박사학위를 받고 온 능력자였다. 그녀는 항상 일정이 매우 바빴지만, 그 와중에도 시간을 쪼개어 나를 가르쳤고, 덕분에 실력은 만족스러울 정도로 빠르게 향상됐다. 한번은 그녀의 왼쪽 손가락에 생긴 굳은살을 보고 감탄한 적이 있다. 그런데 선생님은 겸손하게 "기타 줄을 잡는 자세가 정확하면 굳은살이 잘 생기지 않아요"라고 말했다. 하지만 나는 그녀의 피나는 노력에 마음속으로 감동했다.

이후 나는 기업 관리 자문, 라디오 진행, 집필, 강연 등으로 더욱 바빠져 한동안 기타를 다시 놓아야 했다. 물론 모두 내가 좋아하는 일들이었기에 순간순간을 즐기면서 살아왔지만, 기타 배우기를 멈춘 것은 늘 아쉽다. 하지만 무언가를 다시 배울 계획을 세우고 행동으로 옮겼다는 것에 대해서는 어느 정도 만족한다. 앞으로 시간이 나면 다시 클래식 기타를 배울 계획이다. 노년에 좋은 취미를 즐기며 살아갈 생각을 하니 그날이 기다려진다.

어머니의 취미이자 특기는 재봉과 요리이다. 오랜 기간 중풍에 고생하면서도 이 두 가지 취미만큼은 포기하지 않으셨다. 요즘은 옆에서 내게 입으로 알려주시는 것만으로도 매우 즐겁고 뿌듯해하신다. 솔직히 말하자면 나는 몇 년 전에야 어머니에게도 취미 생활이 필요하다는 사실을 알게 되었다. 중풍으로 투병하는 어머니와 나는 과거 6년 동안 서로에 대해 충분히 알지 못했다. 그래서 항상 잘못된 방식으로 서로를 대하며 끊임없이 부딪치고 힘겨워했다.

예를 들어, 늘 나는 어머니가 다치실까봐 걱정하기에 급급했다. 그래서 어머니가 '함부로 혼자 움직이지 못하도록' 감시하기 바빴다. 심지어는 찻잔 하나 드는 걸 보고도 "뭘 하시려고요? 제가 할게요"라며 달려가 못하게 막았다. 안전에만 신경 썼던 나는 어머니가 넘어질까, 찻잔이 깨질까 걱정하며 신경을 곤두세웠던 것이다. 그래서 이렇게 하지 말라, 저건 위험하다고 말하며 간섭하는 일이 어머니의 자존심을 상하게 하고 학습 기회를 오히려 빼앗는 행동이라는 걸 알지 못했다. 이런 태도는 상황을 더욱 악화시키고 심지어 치매에 걸리게 할 수도 있다는 걸 나중에야 알게 되었다.

나중에 많은 책을 읽고 의사의 조언을 들으면서 나는 깊이 반성했다. 그리고 이전의 방식을 완전히 바꿔나갔다. 확실히 안전하다고 생각되는 상황에서는 어머니가 하고 싶어 하는 일을 스스로 하도록 했다. 그제야 어머니도 매우 즐거워하며 뿌듯해하셨다. 어머니에게는 무언가 혼자 하는 그 순간이 곧 자존심을 회복하고 자신감을 갖게 하는 중요한 경험이었던 것이다.

배움에 대한 열정이 예방해주는 치매

어머니는 쉽게 조급해지는 마음을 진정시키기 위해 매일 두 줄씩 경전을 베껴 쓰기 시작하셨다. 그럴 때마다 나는 옆에서 어머니를 도와드렸는데, 중풍 때문에 붓을 제대로 잡을 수 없는 어머니가 하기에는 매우 어려운 도전이었다. 하지만 나는 승부욕과 의지가 강한 어머니의 성격에 아무리 큰 어려움이라도 이겨내실 것을 알고 있었다.

역시나 어머니는 날마다 오후가 되면 책상 앞에 앉아 내가 미리 준비해둔 붓을 잡고 한 글자 한 글자 최선을 다해 경전을 베끼셨다. 비록 글자는 비뚤비뚤했지만 정신을 집중해서 최선을 다하는 모습을 보니 감탄이 절로 나왔다.

한번은 기억력이 점점 나빠지는 어머니의 상태가 걱정돼 병원에서 검사를 해본 적이 있다. 그때 치매가 기억력뿐만 아니라 언어, 이미지, 방향, 논리, 이해, 판단력 등과도 관련된 문제라는 걸 알게 되었다. 의사는 어머니가 꾸준히 경전을 베껴 쓰는 것이 치매 예방에 크게 도움이 된다고 했다. 다양한 형태를 가진 한자를 따라 쓰며 뜻을 기억하고 이해하며, 필획을 통해 방향감각을 익히는 것은 대뇌를 자극하는 두뇌 운동 효과가 있다고 한다.

머리는 쓰지 않으면 퇴화한다. 나이가 들수록 머리는 많이 쓰고 마음은 차분히 해야 한다. 그래야 삶의 아름다움을 깨닫고 건강을 유지할 수 있다.

나는 진행하고 있는 라디오 프로그램에서 고령의학센터에 근무하는 의사와 특별 인터뷰를 진행한 적이 있다. 그는 고령의 어르신들과 친구처럼 지내며 의지를 북돋아주는 한편, 그들로부터 배우는 일도 소홀히 하지 않았다. 그는 "치매는 학력과 상관이 없다. 다만 예방하기 위해서 항상 배우려는 마음을 유지하는 게 중요하다"고 말했다.

고학력자들이 치매에 잘 걸리지 않는 이유는 학습 기간이 길었기 때문이라는 사실을 증명하는 자료들은 많이 있다. 이는 학력이 낮은 사람들도 계속 배우는 습관을 기르면 치매를 예방할 수 있다는 말이다. '살아 있는 동안은 끊임없이 배워야 한다'는 말을 항상 마음속에 간직하도록 하자. 호기심을 가지고 새로운 것들을 배우면 삶이 풍요로워질 뿐만 아니라 노화를 늦추고 치매까지 예방할 수 있다.

어려운 미션에 도전하자

재미있는 일을 배우며 즐거움을 느꼈다면 그다음엔 더 높은 목표를 세워보자. 재미있는 일을 배우는 단계에서 더 나아가 '어려운 미션'에 도전해보는 것이다. 나이를 신경 쓰지 않고 용기와 능력으로 자신만의 안전지대에서 벗어난다면 삶이 더욱 행복해진다. 여기서 '어려운 미션'이란 분야와 내용에 따라 차이가 있다. 중요한 점은 목표가 합리적이고 의미가 있느냐, 그리고 올바른 방법으로 시간을 들여 순차적으로 완성해갈 수 있느냐이다.

내 친구의 경우 '6개월 동안 5kg 감량 후 계속 유지하기'라는 미션에 도전한 적이 있다. 160센티미터인 그녀는 스물일곱 살 때 둘째 아이를 낳은 뒤로 항상 60kg대에서 벗어나지 못하고 있었다. 하지만 올해 막내가 대학에 입학해 기숙사로 들어가면서 빈 둥지를 홀로 지키게 되었다. 그녀는 45세의 나이에 혼자 살아가기로 결심했다. 그렇게 '두 번째 인생'을 시작한 그녀가 세운 첫 번째 목표는 바로 결혼하기 전 몸무게로 돌아가는 것이었다.

병원을 방문한 그녀는 가정의학과 의사에게 소개받은 영양사의 도움으로 꼼꼼하고 완벽한 다이어트 계획을 세웠다. 그리고 5개월이 채 되지 않아 55kg까지 몸무게를 감량하며 목표를 훌륭히 이뤘다. 그녀의 날씬해진 모습에 사람들은 "축하 자리를 마련해 맛있는 음식을 먹어야지?"라며 장난스럽게 꼬드긴다. 그럴 때면 엄격한 목소리로 "무슨 소리, 아직 완성된 게 아니야. 다이어트는 계속해서 유지하는 게 더 중요해. 그래야 정말 효과를 봤다고 말할 수 있지"라고 말한다. 그런 그녀의 모습은 자신감에 넘쳐 보였다.

또 다른 친구의 경우 '1년 동안 뱃살을 없애고 마라톤 완주하기'란 미션에 도전했다. 45세였던 그는 자신이 이미 '아저씨'가 되었다는 사실을 완전히 무시하며 살아왔다. 규칙적으로 운동을 했지만 고작해야 평일에 두 번 새벽 수영을 하고 주말에 가끔씩 골프를 치는 게 전부였다. 이제껏 최선을 다해 운동을 해본 적이 없었던 그는 마라톤에 대해 잘 알지 못했다. 하지만 미션의 성공을 위해서 가장 먼저 주변의 술자리를 모두 거절했다. 그러고는 시간을 철저히 관리해가며 체계적인 개인 교습을 받았다.

그렇게 8개월이 지나자 뱃살이 많이 들어갔다. 마라톤 경기 일정에 맞춰 그의 도전은 예정했던 날보다 한 달 뒤에 이루어졌다. 목표를 세운 지 13개월 만에 그는 4시간 27분이라는 성적으로 마라톤 완주의 미션을 이루었다. 그의 아름다운 인생 2막은 그렇게 시작되었다.

그는 마라톤을 하는 동안 지금까지 살아오면서 느꼈던 사랑, 슬픔, 원한 그리고 이별의 순간까지 하나하나 전부 떠올랐다고 말했다. 그렇게 모든 근심을 날려버리고 이제 두 번째 인생을 용감하게 나아가고 있다. 얼마 후 그는 직장을 그만두고 고향으로 내려가 아버지가 남긴 집을 정리해 음악과 문학이 어우러진 작은 카페를 열었다. 그곳에서 그 친구는 커피만 파는 게 아니라 사람들이 소중히 간직할 만한 아름다운 시간을 함께 팔고 있다. 많은 손님들이 그가 소개하는 재즈 음악을 감상하며 이야기하는 걸 좋아한다고 한다. 그렇게 낮에는 시끌벅적한 시간을 보내고 밤이 되어 가게 문을 닫고 혼자 있으면 고요하고 아름다운 시간의 향기가 가득하다고 그는 말한다.

인생에 '언젠가'라는 시간은 없다

만약 하고 싶은 일이 있다면 바로 행동에 옮겨야 한다. 특히 중년에 접어든 나이라면 자신의 생각보다 남은 시간이 많지 않을 수도 있다. 그러니 '언젠가 꼭 하려고'라는 말은 하지 말자. 인생에 '언젠가'라는 시간은 없다. 얼마나 많은 목표들이 '언젠가는'이라는 말과 함께 사라졌는지, 지나간 삶만 돌아보더라도 충분히 알 수 있을 것이다.

최근 몇 년 동안 나는 몇 가지 어려운 미션에 도전하여 성공했다. 다른 사람들이 보기에는 아무것도 아닌 사소한 미션들이었지만 나는 그 과정에서 많은 것들을 느끼고 배웠다. 예를 들어 '3일 동안 어머니와 말다툼하지 말기', '아무리 사소한 질문에도 절대 귀찮아하지 않고 성실히 대답하기'란 미션에 도전한 적도 있다. 시작하고 오전에 바로 실패하기도 하고, 심지어는 성공을 눈앞에 둔 마지막 날 오후에 실패하기도 했다. 내가 매일 습관처럼 말하는 '소통의 기술'이나 '감정 조절'을 활용해도 계속 실패를 거듭하던 나는 꽤 시간이 흘러 마침내 성공할 수 있었다. 그것은 순응하며 감사함을 느끼는 법을 알게 되면서부터였다.

내 친구들의 경우에는 '3일 동안 금식하기'를 성공한 뒤 면역력이 높아지고 미각이 더욱 민감해져서 건강을 되찾기도 하고, '며칠 동안 말하지 않기'를 실천하기도 한다. 그 시간 동안 자신에 대해 반성하고 다른 사람의 입장에서 문제를 바라보는 법을 배웠다고 말한다.

내가 도전해 성공한 미션 중에는 '중년 여성들을 위한 글쓰기반 개설하기'도 있다. 나는 20여 년간 줄곧 글을 써오면서 많은 독자들과 함께 성장해왔다. 그중에는 소녀 때부터 만나 이미 중년 여성이 된 독자들도 있다. 그녀들은 어쩌면 시대에 따라 변화해온 사회 속에서 여자의 역할을 몸소 증명하는 이들이기도 하다. 그래서 나는 직접 마주 보고 서로가 겪어온 인생에 대해 이야기하며, 글로 자신의 삶을 표현할 수 있도록 돕고 싶었다.

하지만 막상 글쓰기반을 개설하려니 자신이 없었다. 대중 앞에서 강연을 하거나 요청을 받아 대학에서 강의해본 적은 있었지만 소규모 반을 개설하는 것은 처음이었기 때문이다. 나는 체계적으로 계획을 세운 뒤 차근차근 글쓰기 수업을 진행해나갔다. 나는 글쓰기를 통해 마음까지도 치료해주고 싶었다. 학생들이 자신의 내면 깊은 곳을 돌아보며 자아를 찾아가며 더 완전한 삶을 살아가길 바란 것이다.

이것은 나에게도 새로운 시도였지만, 그때까지 국내 글쓰기 교육 분야에서도 처음 있는 일이었다. 다행히 내 의도를 알게 된 많은 사람들이 강좌 개설과 강의안 작성을 도와주었다. 개설한 강좌를 듣기 위해 수많은 중년 여성들이 강의실에 모였고, 그들 각자의 인생 이야기를 들으며 나는 깊은 감명을 받았다. 그리고 그들을 통해 오히려 내가 더 많은 것들을 배울 수 있었다.

만약 내가 그때도 '언젠가 강의를 개설해야지' 하며 계속 미루었다면 결코 이루지 못했을 것이다. 강의를 하려면 수강생들에 대한 이해가 필수인데 나이를 더 먹을수록 중년 여성에 대한 이해도와 공감 능력이 떨어질 것이기 때문이다. 비록 나는 남성이지만 동시대의 중년이라는 공통점이 있고, 주변에 수강생들과 비슷한 중년 여성 친구들이 많았기에 큰 도움을 받아 강의를 개설할 수 있었다. 당신이 청년이건 중년이건 아니면 노년이라도 상관없다. 해보고 싶은 일이 있다면 미루지 말고 용감하게 '당장' 시작해보자.

이 글을 읽을 수 있다면 아직 늦지 않았다

젊은 시절 우리는 항상 '내가 하고 싶은 건'이란 말을 입버릇처럼 하면서도 그다지 중요하게 생각하지 않았고 듣는 사람들도 진지하게 받아들이지 않았다. 하지만 나이가 들어 삶이 한정되어 있다는 사실을 실감하게 되었다면 더 이상 세월을 헛되이 보내선 안 된다. 그러니 정말 하고 싶은 게 있으면 바로 행동에 옮기도록 하자.

몇 년 전 나는 인생계획표에 '어머니와 함께 세계 여행 하기'란 항목을 넣고 장거리 여행 계획을 세웠다. 어머니가 중풍으로 거동이 불편하다는 이유로 무미건조하게 집 안에만 갇혀 있지 않도록 돕기 위해서였다. 나는 어머니와 함께 세상을 구경하며 어머니의 인생에도 아직 많은 가능성이 있다는 사실을 깨닫게 해드리고 싶었다. 그렇게 미리 만반의 준비를 마친 끝에 어머니는 10여 년간 머물러 있었던 도시를 떠나게 되었다.

캐나다로 건너간 우리는 로키 산맥에 올라 빙원을 감상하며 큰 감동을 느꼈다. 여행을 마치고 국내로 돌아온 뒤 우리는 아버지의 친척분들을 만나기 위해 고향을 방문했다. 그리고 나서 예전에 가봤던 일본의 구로베와 다테야마 산으로 다시 여행을 떠나 눈이 녹고 꽃이 피는 모습을 구경했다. 이 여행지들은 모두 어머니가 중풍에 걸리신 뒤로 항상 가보고 싶어하면서도 불가능하다고 생각해 포기하신 곳들이었다.

나는 거동이 불편한 고령의 어머니를 모시고 여행하면서 여러 가지 예상치 못한 문제들을 해결해야 했다. 하지만 그 과정에서 내가 오히려 나중에 나이가 들었을 때 혼자 여행할 수 있다는 용기를 얻게 되었다.

몸이 불편한 어머니는 여행에서 만난 낯선 사람들의 도움으로 여든을 넘기기 전에 인생 최고의 여행을 경험하셨다. 그리고 이미 오래전에 잃어버린 자존감과 자신감을 되찾으셨다. 어머니는 자신에게 아직 생각보다 많은 체력이 남아 있다는 사실을 알게 되었다. 또 내가 여행 도중에 생기는 여러 어려움들을 해결하는 모습을 보면서, 스스로를 돌볼 능력이 충분하다는 사실을 믿게 되셨다.

당신이 이 글을 읽을 수 있다면, 예전에 해보고 싶었던 일을 더 이상 미루지 말고 자신 있게 시작해보라. 시도했다가 실패한 후에 하는 후회가 시도해보지도 않고 하는 후회보다 훨씬 가벼울 것만은 분명하다.

여행을
떠나자!

4부 ─ 두 번째 인생을 맞이하는 자세

혼자인 세계로 돌아가 여행의 의미를 깨닫다

스위스에서 태어나 영국에서 활동하는 세계적인 작가 알랭 드 보통^{Alain de Botton}은 자신의 책 《여행의 기술》(이레)에서 다음과 같은 내용의 말을 했다.

"혼자 여행하니 좋은 점이 있다. 세상에 대한 우리의 반응은 항상 함께 가는 동반자에 의해 간섭을 받는다. 다른 사람의 기대에 맞춰 우리의 호기심을 재단하기 때문이다. 그들은 우리를 어떤 사람이라고 단정 지어 생각하기도 한다. 그래서 우리는 스스로 자신의 일부분을 숨기기도 한다."

또 이런 대목도 있다. "일거수일투족이 동반자의 시선에 갇히게 되면 우리는 다른 사람을 제대로 관찰하지 못할 수 있다. 또 동반자의 질문과 생각에 대꾸하느라 바쁠 수도 있고, 상대에게 정상으로 보이는 데 집중하느라 정말 궁금한 부분에 소홀하게 될 수도 있다."

많은 사람이 의식적으로든 무의식적으로든 이런 사실을 알고 있다.

우리는 '다른 사람에게 인정받고', '상대방의 기대에 부합하기' 위해 너무도 자신을 속박해왔다. '혼자'임을 받아들인 지금, 이제는 모든 속박에서 벗어나도록 하자. 삶을 여행하는 과정에서 우리는 어쩔 수 없는 상황이나 자발적인 바람에 따라 동반자가 생길 수 있다. 하지만 누구나 혼자임을 자각한다면, 결국에는 '완전한' 자신으로 거듭나야 한다.

《여행의 기술》의 마지막 장에는 철학자이자 과학자, 작가로 유명한 블레즈 파스칼 Blaise Pascal이 쓴 《팡세 Pens'ees》의 한 구절이 인용되어 있다. "인간이 불행한 유일한 원인은 바로 자신의 방에서 고요히 머무르는 방법을 모르기 때문이다." 아무리 세상을 두루 돌아다니며 아름다운 풍경들을 감상해도 돌아와 자신의 방에서 즐기는 여행만큼은 못하다는 뜻이다.

걱정 말고 떠나고 싶을 때 떠나자

혼자서 하는 여행은 자유롭고 독립적이면서도 풍요롭다. 여행에서 만나는 모든 사람들과 친구가 될 수도 있고, 또 아무런 부담 없이 스쳐 가는 인연으로 남을 수도 있기 때문이다. 그저 서로 손을 흔들며 인사한 뒤 각자의 길을 걸어가면 그뿐이다. '두 번째 인생'을 시작할 즈음에는 돈도 있고 체력도 있을 테니 여행하기 가장 좋은 시기이다.

인생을 어느 정도 경험하지 않고서는 인생의 전부를 안다고 말할 수 없다. 그렇기에 중년 이후에 떠나는 내면의 여행은 스스로 깊이 반성하는 계기가 된다. 누구에게나 삶은 한 번뿐이다. 희소한 자원은 더 소중한 법. 억만금을 주고도 다시 한 번의 삶을 살 수는 없다. 그런 소중한, 삶에 후회를 남기거나 상상 속에 자신을 가둬서는 안 된다. 그러니 떠나고 싶다면 너무 많은 생각에 사로잡혀 스스로를 옭아매지 말고 떠나자.

여행에는 돈과 체력이 필요하다. 그래서 참 모순적이다. 젊은 시절에는 체력은 있지만 돈과 시간이 부족하고, 나이가 들면 돈과 시간은 있는데 체력이 부족하다. 그러니 더더욱 여행할 수 있을 때 해야 하고, 나이가 들어서도 여행할 수 있도록 체력 관리를 꾸준히 해야 한다.

여행을 자주 다니지 못하는 사람과 자주 다니는 사람은 여행하는 방식에서 큰 차이를 보인다. 전자는 유명한 장소를 마치 눈도장 찍듯 모두 들르려 애쓰고, 후자는 비록 모든 곳을 가지는 못하더라도 자신이 가고자 정한 곳은 제대로 보려 한다.

돈과 시간, 체력이 모두 뒷받침되는 40대라면 앞의 두 가지 방식을 합칠 수 있다. 대충 보고 지나칠 필요도, 한 곳을 제대로 여행하느라 다른 곳을 포기할 필요도 없다. 만약 시간적 여유는 있지만 경제적 여건이 좋지 않다면 비수기를 이용해 경비를 아낄 수 있다. 게다가 관광객이 붐비지 않으므로 더 여유 있는 여행이 가능하다.

친구들 중에는 일부러 해외 유스호스텔을 이용한다고 하는 경우가 있다. 방도 깨끗하고 가격도 합리적인 데다 주방에서 직접 요리를 할 수도 있기 때문이다. 반면 경제적으로 여유가 있는 실버족은 호화로운 크루즈 여행을 좋아한다. 대형 크루즈에는 다양한 식당과 편의 시설이 마련되어 있어 안락한 여행을 즐길 수 있다. 자고 일어나 새로운 곳에

도착하면 배에서 내려 관광을 하고, 피곤하면 배에 머물며 쉴 수도 있다. 그래서 세계를 여행하고 싶지만 체력이 좋지 않은 노년층에게 매우 알맞은 여행 방법이다. 이처럼 자신의 여건에 맞는 여행을 택하면 된다. 이제 남은 것은 실행이다. 삶은 언제나 지속되지 않는다는 사실을 기억하자. 지금 이 순간보다 떠나기 좋은 때는 없다.

중풍에 걸린 어머니, 여행가 되다

막 사회생활을 시작했을 때 나는 휴가를 모아뒀다가 아시아 여러 국가로 자유여행을 떠나곤 했다. 또 미국이나 유럽으로 출장을 가면 상사의 허락을 얻어 휴가를 내고 며칠 더 머물면서 주변을 여행하기도 했다. 하지만 어머니가 중풍에 걸린 후에는 장거리 여행을 거의 하지 않았다. 어머니는 여행을 좋아하는 내가 자신 때문에 포기한다고 생각하며 수시로 여행을 가라고 말씀하셨다. 그렇게 10여 년이 흐른 뒤 나는 마침내 어머니에게 함께 여행을 떠나자고 권했다.

준비한 여행 자료에 들어 있던 캐나다 루이즈 호수의 풍경 사진에는 큰 글씨로 '이번 생애에 꼭 가봐야 할 여행지'라는 광고 글귀가 적혀 있었다. 비록 체력도 약하고 거동이 불편해 화장실 가는 것조차 쉽지 않았지만 어머니의 마음도 움직일 수밖에 없었다.

여행을 계획하는 과정은 아름다운 상상들로 기대감이 가득했다. 하지만 어머니는 출발하는 그 순간까지도 주저하셨다. 내가 이미 예약도 마치고 돈도 모두 지불한 상태라고 말해도 어머니는 몇 번이고 가고 싶지 않다고 말을 바꾸셨다.

마침내 길을 떠나 조금은 험난한 여행길을 헤쳐나가면서 어머니는 조금씩 자신의 결정이 옳았다는 사실에 안심하시고 만족하기 시작했다. 그렇게 매번 한 걸음씩 내딛을 때마다 자신감이 더욱 커져가는 게 느껴졌다. 특히 루이즈 호숫가에 도착했을 때는 정말 사진에 적힌 글귀처럼 평생에 한 번은 꼭 와봐야 할 곳이란 생각이 들었다.

이 경험을 통해 어머니는 여행을 즐기게 되었다. 내가 여행을 가자고 하면 흔쾌히 동의하시고 즐거운 마음으로 떠나 편안하게 돌아오셨다. 물론 여행을 하면서 크고 작은 문제들이 있었지만, 너무 걱정할 필요 없었다. 선진국의 경우 거동이 불편한 고객에게 너무도 친절하게 배려를 잘 해주기 때문이다.

스스로 용기와 인내심만 가진다면 아무것도 문제될 게 없다. 이처럼 오랜 기간 중풍으로 투병하고 있는 여든 살의 어머니도 지팡이, 보행보조기, 휠체어 등의 도움을 받아 세상을 두루 여행하신다. 그러니 더는 어떤 이유로도 자신을 가둬두지 말자.

자유롭게 떠나는 내면의 여행

관광 명소뿐만 아니라 자신의 내면으로도 여행을 떠날 수 있다는 사실을 나는 40대 후반이 되어서야 비로소 알게 되었다. 내면의 여행은 말

그대로 자신의 마음속으로 떠나는 여행이지만, 적극적이고 구체적인 행동이 필요하다.

몇 년 전 어느 여름날 오후, 방송국에 있다가 전화 한 통을 받았다. 당시 유명세를 떨치던 여성 프로듀서의 전화였다. 그녀는 약속 시간을 앞당기기 위해 일부러 내가 일하는 사무실에 찾아왔다. 그 당시 방송가에서는 특별한 주제를 다룰 때면 서로 의견을 구하는 일이 있었기에, 나는 그녀가 프로그램 녹화에 대해 할 말이 있어서 왔다고만 생각했다. 그런데 뜻밖에도 그녀는 나에게 작별 인사를 하려고 일부러 찾아온 것이었다. 그해에 여러 제작사들은 심각한 시청률 압박에 시달리고 있었고, 방송국 관계자들은 그녀에게 더욱 자극적인 소재들을 쓰라고 요구했다. 자신의 일에 회의를 느낀 나머지 '아이를 돌봐야 한다'는 핑계로 잠시 사랑하는 일을 내려놓기로 결심했던 것이다.

나는 그때의 만남을 영원히 잊지 못할 것 같다. 그녀는 매우 진지한 얼굴로 이렇게 말했다. "오늘 여기 온 건 나를 위해서 계획한 배움과 감사의 여정 중 하나야. 당신은 세 번째 정거장이고." 그 말을 들었을 때 나는 왠지 부끄러우면서도 무척 고마웠다.

그녀는 나에게 삶의 여행에는 매우 다양한 방법이 있다는 사실을 알려준 것이다. 누군가는 관광 명소를 방문하고 누군가는 내면의 세계를 찾아 떠난다. 관광 명소를 방문하는 여행이나 내면의 세계를 찾아 나서는 여행 모두 '가치 있는 무언가'를 발견하기 위한 여정이다. 그저 어떤 이는 새로운 곳을 여행하며 그 답을 찾고, 또 누군가는 자신의 남은 삶

속에서 답을 찾는다.

모든 여행이 끝난 뒤 돌아온 작은 내 방

이탈리아와 러시아를 여행하고 코카서스 전쟁에도 참여했던 자비에르 드 메스트르 Xavier de Maistre는 《밤에 떠나는 내 방 여행》(지호)이라는 책을 썼다. 그는 마지막으로 자신의 작은 방에서 분홍색과 파란색이 섞인 잠옷을 입은 채 낡은 소파에 드러누워 여행을 떠난다. 익숙한 일상의 물건들을 바라보던 그는 방에 놓인 물건들에게 감사함과 귀중함을 느낀다. 그러면서 예전과 다른 새로운 시선으로 오래된 물건들이 지닌 독특한 매력들을 발견한다. 그렇게 그는 '자신의 방'에서 홀로 여행을 떠났고, 그 내용을 엮은 책은 몇 세기가 지나도록 많은 사람들에게 큰 영감을 주고 있다.

지금 어디론가 떠나고 싶거나 방금 돌아왔다면 내면의 여행을 떠날 가장 좋은 시기다. 길을 나서려고 하거나 방금 돌아왔을 때야말로 자신을 변화시키고 싶은 바로 그 순간이기 때문이다. 그리고 자유롭게 종점을 향해 걸어갈 수 있어야 또다시 새로운 여행을 시작할 수 있다.

삶에는 무수히 많은 여행이 있다. 그러니 장거리 여행만 고집해서도, 현재에만 갇혀 있어서도 안 된다. 여유롭게 마음껏 아름다운 풍경을 감상하기도 하고, 자신의 방 안에서 즐겁게 속마음을 털어놓을 수도 있어야 한다. 아름다운 풍경을 감상하고 다시 출발한 곳으로 돌아왔을 때 혼자만의 작은 방에서 편안히 쉬는 것만큼 좋은 일도 없다는 사실을 깨달을 수 있다. 바로 이것이 모든 '떠남'이 지닌 참된 의미이다.

젊은 시절에는 항상 집을 떠나 세상을 두루 돌아다니며 새로운 사람과 일들을 경험하고 싶어 한다. 하지만 번잡한 세상을 모두 경험한 지금 가장 필요한 것은 바로 익숙한 자신의 방으로 다시 되돌아오는 것이다. 설사 오래된 물건들만이 나를 반겨준다 하더라도 완전히 새로운 생각을 하게 될 것이다.

만약 움직일 수 없을 정도로 늙었더라도 기억 속 풍경들은 여전히 눈앞에 선명할 것이다. 머릿속의 모든 걸 잊어버린다 해도 마음속에는 여전히 사랑이 가득할 것이다. 아마도 그때가 되면 분홍색과 파란색이 섞인 잠옷과 몸을 누일 침대 그리고 풍경을 바라볼 수 있는 작은 창문만이 나에게 필요할 것이다.

4부 ― 두 번째 인생을 맞이하는 자세

누구에게나 삶은 한 번뿐이다.
희소한 자원은 더 소중한 법.
억만금을 주고도
다시 한 번의 삶을 살 수는 없다.

옮긴이 **이서연**

성균관대학교 유학 대학원을 졸업했으며 중국 선양에서 수학했다. 동아시아 사상 문화와 서예미학을 전공했다. 현재는 번역 에이전시 (주)엔터스코리아에서 출판 기획 및 전문 번역가로 활동하고 있다. 주요 역서로는《소크라테스에게 배우는 삶의 지혜》가 있다.

우리는 그렇게 혼자가 된다

2018년 1월 29일 1쇄 발행 | 2022년 9월 10일 6쇄 발행

지은이 우줘취안 | 옮긴이 이서연 | 편집총괄 은영미 | 편집 이영혜
펴낸이 이종근 | 디자인 양미정

펴낸곳 | 나라원 | 출판신고 1988. 4. 25(제300-1988-64호)
주소 | 서울 종로구 종로53길 27(창신동) 나라원빌딩 (우. 03105)
대표전화 | 02-744-8411, 팩스 02-745-4399
홈페이지 www.narawon.co.kr | 이메일 narawon@narawon.co.kr

ISBN 978-89-7034-294-8 (03810)

* 잘못 만들어진 책은 구입하신 서점에서 교환해드립니다.
* 책값은 뒤표지에 있습니다.